JN295452

監修者――加藤友康／五味文彦／鈴木淳／高埜利彦

［カバー表写真］
「五天竺図」
（『法隆寺古絵図集』）

［カバー裏写真］
岡倉天心画像（下村観山筆）・大川周明

［扉写真］
法隆寺夢殿観音菩薩像
（救世観音）

日本史リブレット人 084

岡倉天心と大川周明

「アジア」を考えた知識人たち

Shiode Hiroyuki
塩出浩之

目次

近代日本にとっての「アジア」

本書の課題は、岡倉天心（一八六三〜一九一三）と大川周明（一八八六〜一九五七）という二人の知識人が、「アジア」という地域概念をめぐってそれぞれ展開した言論活動について分析し、近代日本にとっての「アジア」の意味を考えることである。

日中《にっちゅう》戦争から太平洋戦争にかけて、日本は戦争の正当化のため「アジアの解放」という論理をもちだした。「欧米」「西洋」から「アジア」「東洋」を解放し守る「盟主」こそが、日本の役割だというのである。「大東亜《だいとうあ》戦争」「大東亜共栄圏」という呼称は、その端的な表現だった。

一九六〇年代に竹内好《たけうちよしみ》▲は、「アジアの解放」のための戦争という論理が日本

▼**竹内好**　一九一〇〜七七年。中国文学研究者、評論家。一九三四（昭和九）年、東京帝国大学文学部支那《シナ》文学科卒業。一九三七（昭和十二）年から三九（同十四）年、中国（北京《ペキン》）に留学。一九四〇（昭和十五）年、回教圏研究所研究員に。一九四四（昭和十九）年徴兵に応召、同年『魯迅《ろじん》』を発表。中国で敗戦を迎える。一九五三（昭和二十八）年から六〇（同三十五）年まで東京都立大学教授。

竹内好

の近隣諸国に対する植民地《しょくみんち》支配や侵略について棚上げした自己欺瞞であることを認めながらも、この論理を生み出した「アジア主義」について、あえて問題提起を行った。アジア主義、すなわち欧米諸国の世界進出に対し、日本がアジアの国々と「連帯」して抵抗すべきだという考え方自体は「日本の近代史を貫いて随所に露出している」と竹内は指摘し、「アジアを主体的に考える」という、戦後の日本人が失った態度がそこにはあったのではないかと問うたのである。岡倉天心や大川周明は、このアジア主義の思想家として竹内によって改めて注目された人びとであった(竹内一九六三・一九六四)。

竹内の問題提起は、戦後ながらく日本が、アメリカの承認しない中華人民共和国と正式な外交関係をもてずにいたという同時代の政治状況への批判とも密接にかかわっていた。しかし、近代史における日本が朝鮮や中国に対して、侵略と切り離された形での関与をほとんどなしえなかった事実を考える際、竹内の問いは重い意味をもつものとして現在も参照され続けている(米谷二〇〇六)。

ところで、アジア主義をめぐる議論で、これまでも疑問とはされながらも、充分に検討されずにきた問題がある。それは、「アジア」とは一体どこからどこまでなのか、である。「大東亜共栄圏」は日本(植民地を含む)、「満州《まんしゅう》国」、中国、そして東南アジアをおもな範囲としていたが、それだけが当時の日本の人びとにとっての「アジア」の範囲だったと考えればよいのだろうか。そうではなく、本書で考察してゆくように、「アジア」がインド、さらにはイスラム諸国(中東)までをもその範囲に含んでいたからこそ、「アジアの解放」は人びとを眩惑する理念たりえたのではないか。松浦正孝は、反イギリス的な「汎アジア主義イデオロギー」の日本帝国全体への浸透こそが「大東亜戦争」の原因だと指摘している(松浦二〇一〇)。

一見、単なる地域の呼称にすぎないアジアは、ヨーロッパと対になる地域概念として歴史的に多様な価値や意味をあたえられてきた。もちろん、アジアであれヨーロッパであれ、概念は単なる記号にすぎないともいえる。しかし、人びとが〝アジアという地域〟の存在を前提として思考し行動することが、たしかに現実世界を動かし、人びとの生命さえをも左右してきたのである。

本書では、二十世紀前半の日本において「アジア」という言葉に意味付けを行ううえで、とくに興味深い考察を展開し、また影響力も大きかった二人の人物、岡倉天心と大川周明を主役として取り上げる。なお、両者についてはともに数多くの研究蓄積があるが、とりわけ近年では、岡倉天心については厳密な史料批判に基づく木下長宏の評伝(木下二〇〇五)や、内在的なテキスト読解に基づく岡本佳子の論文(岡本二〇〇四・二〇〇六)、大川周明については基礎的資料の発掘・検討を踏まえた大塚健洋の評伝(大塚一九九〇・一九九五)や、大川と中国との関わりに焦点をあてた呉懐中の著書(呉二〇〇七)があり、いずれも従来の研究水準を大きく引きあげている。本書は先行研究の成果に多くを負いながら、二人が著わしたテキストの分析を通じて、近代日本における「アジア」という地域概念について考察することにつとめよう。

①——「アジア」という概念

ヨーロッパ生まれの地域概念

岡倉天心、大川周明の二人について考察を始める前に、まず「アジア」という概念がどのようにして日本で用いられるようになったか、由来を論じよう。

アジア（Asia）という言葉の誕生は、古代地中海世界におけるギリシアでつくられた地理区分にまでさかのぼる（織田一九七四a）。ギリシアの人びとは地中海沿岸の諸地域について、その地中海自体を境界として、みずからの位置する西北をエウロパ（Europa）、西南をリビア（Libya, のちにアフリカ〈Africa〉）、そして東をアジア（Asia）と呼んだ。つまり自称としてのヨーロッパに対し、アジアは他者（非ヨーロッパ）を意味する言葉として生まれた。またアジアの範囲は当初、基本的に地中海世界に限定されていた。地中海世界からみたアジアの東端は、せいぜいがインド西部までだった。

ついでローマ帝国の時代には、「西方」（Occidens＝日の沈むところ）と「東方」（Oriens＝日ののぼるところ）という方位によって地域を区分するようになった。▲

▼**Occidens, Oriens**　ともにラテン語。英語ではOccident, Orient。日本語ではそれぞれ「西洋」「東洋」と訳すことが多いが、本書では混乱を避けるため区別する。

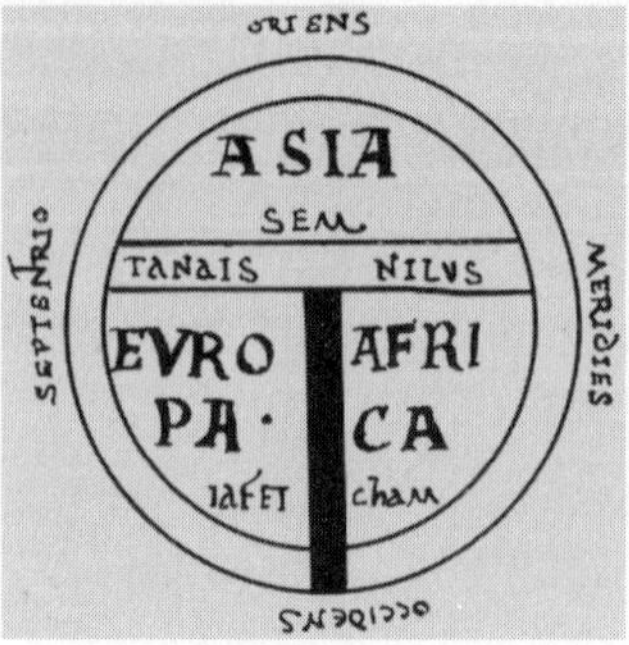

TO図 中世ヨーロッパの世界図の一つ。方位は東(oriens)が上である。世界の陸地はアジア(ASIA)、アフリカ(AFRICA)、ヨーロッパ(EUROPA)に三分されている。境界はタナイス(TA-NAIS)河(今のドン河)、ナイル(NILUS)河、そして黒線であらわされる地中海である。

東方は地中海東岸地域をさし、当初のアジアとほぼ重なる。ローマ帝国の東西分裂とともに西ヨーロッパ世界が形成されてゆくにつれ、東方(Orient, East)はアジア同様、ヨーロッパ世界に隣接する他者を指し示す概念となった。

かくして最初にアジア、東方(オリエント)と呼ばれた地中海東岸の地域では、古くからアラビア語・ヘブライ語やペルシア語を話す人びとが暮してきた。この地域はキリスト教発祥の地エルサレムを含むが、七世紀にイスラム教が生まれてからは現在までイスラム教世界として知られている。

しかしその後、アジアの範囲は大きく拡がった。ヨーロッパ世界の拡大と中心移動をへて、ギリシア・ローマで蓄積された地理的知識の大部分はいったん失われたが、地中海を境界として世界をヨーロッパ・アジア・アフリカの三つに分けるという地理区分自体は、中世の西ヨーロッパ諸国(キリスト教世界)へと継承された。十五〜十六世紀に西ヨーロッパ諸国が大航海時代に突入すると、彼らが認識するアジア・東方(地中海以東の非ヨーロッパ世界)の範囲はより遠く、より東へと急速に拡大していった。他方で「新世界」アメリカも「発見」されたが、「旧世界」の東端にみいだされたのが、日本であった。

▼**エドワード＝W・サイード**(Edward W. Said)　一九三五〜二〇〇三年。文学理論研究者。エルサレム(当時はイギリス委任統治下のパレスチナに属した)で生まれ、エジプトで育つ。アメリカ市民。コロンビア大学英文学・比較文学教授。

エドワード＝サイード

それにしても、地中海東岸から日本までという単に広大なだけでなくあまりに多様な諸地域が、なぜヨーロッパからアジア・東方と総称されるようになったのか。これに対する一つの解答として、エドワード＝サイード▲が指摘したオリエンタリズムという思考様式をあげられる。大航海時代以後におけるヨーロッパ諸国の世界進出が、多くの場合に非ヨーロッパ諸地域の植民地化をもたらしたことは周知のとおりである。サイードはこの世界進出の過程で、ヨーロッパ人がみずから訪れた「アジア」各地において、ヨーロッパとの差異をみいだすごとに、それらを等しく「東方(Orient)」に共通する一つの価値体系として理解したと指摘する。このように世界の人間を「われわれ」(ヨーロッパ・西)と「彼ら」(アジア・東)とに二分する思考様式は、前者の後者に対する優越性を導きだすものだった。つまり、アジアはいかに広大で多様であろうと、ヨーロッパと異質であり、したがって劣っているという点において共通だという考え方が、アジア・東方という総称には含まれていたのである。とくにヨーロッパで立憲政治が普及していった十九世紀後半において、アジア・東方では専制的な政治体制が普遍的で、人びとは本質的に自治能力を欠いているという見方は、ヨーロッパ諸国による植民地支配を正当化する論拠とされた(サイード一九九三)。

また十九世紀末から二十世紀初頭のヨーロッパでは、あまりに広大となったアジア・東方について、本来の対象地だった地中海東岸のイスラム世界を「近東(the Near East)」(一九四〇年代に「中東(the Middle East)」が一般化する)、中国や朝鮮、日本を中心とする地域を「極東(the Far East)」と区別する呼称が定着した(板垣一九九二)。なおイギリス帝国の一部だったインドは、単にインドと呼ばれた。このように「東方」がヨーロッパからの距離によって細分化されたのもまた、ヨーロッパ諸国が主体となる国際政治において、アジア・東方は争奪の対象にすぎないという認識の端的な表れであった。

日本の伝統的世界観とアジア概念の受容

ヨーロッパ産の地域概念「アジア」は、日本でどのように受容されたのか。

近世までの日本での支配的世界観は、インド(天竺《てんじく》)・中国(唐土《もろこし》、震旦《しんたん》)・日本(本朝《ほんちょう》)を世界のおもな要素とする「三国」観と要約できる(織田一九七四b)。法隆寺所蔵の「五天竺図《ごてんじくず》」(一三六四〈貞治《じょうじ》三〉年、重懐《じゅうかい》書写。カバー表写真・一〇ページ上図参照)は、日本で描かれた世界図として現存する最古のものとされるが、この「三国」観がよくあらわれている。この図は、仏教的世界観で人間が住むとされる贍部《せんぶ》州、つまりインドの人びとにとっての世界を基本としつつ、その東端に中国を位置づけ、さらにその外側に日本を描いているのである(応地二〇〇七)。

第一に、古来から中国を中心とする文明圏の周辺に位置し、その多大な影響を受けてきた日本では、中華文明への憧憬、そして劣等感が強くみられた。とくに近世では儒学《じゅがく》を学んだ知識人が、これを強く意識した。しかし第二に、仏教的世界観からみると、実は世界の中心は仏陀《ブッダ》生誕の地インドであって、中国さえもインドからみれば世界の片隅にあり、さらに日本ははるか辺境に位置する小国(「粟散辺土《ぞくさんへんど》の小国」)と考えられていたのである。他方で、逆に日本を唯一無二の「神国」とする世界観もあらわれたが、これは辺境意識がもたらす劣等感の裏返しというべきものだった(佐藤一九七四)。

大航海時代に発達したヨーロッパの地理知識が日本にはいってきたのは、日本が鎖国していた十七~十八世紀のことと考えられている。第一に、明《ミン》末の中国でイエズス会の宣教師マテオ=リッチ▲が刊行した『坤輿万国全図《こんよばんこくぜんず》』(一六〇二

▼**マテオ=リッチ**(Matteo Ricci, 利瑪竇) 一五五二~一六一〇年。イタリアのイエズス会宣教師。一五八〇年代以降、ヨーロッパ科学知識の紹介を通じて中国での伝道に先鞭をつけた。

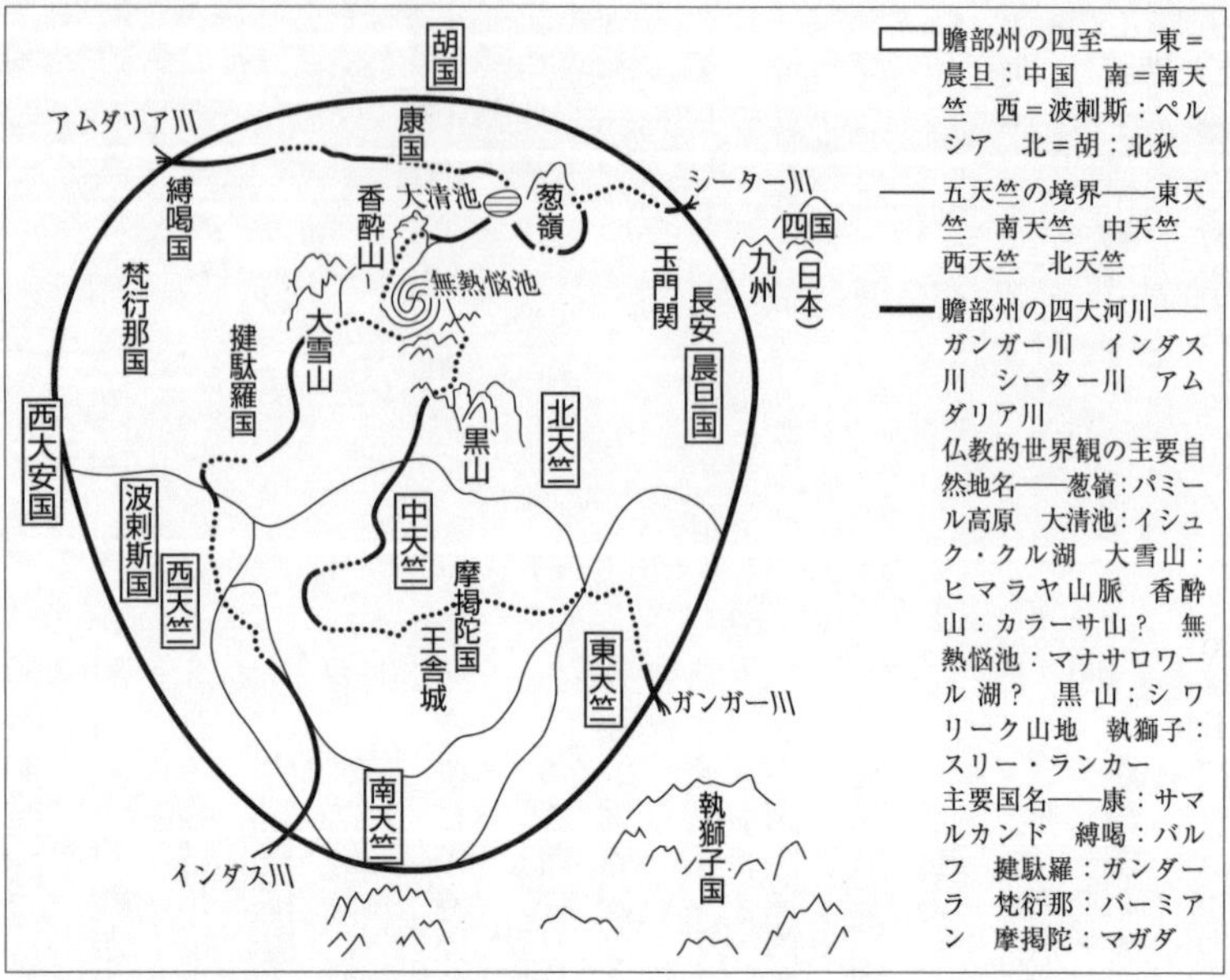

五天竺図の解説図（応地2007による）

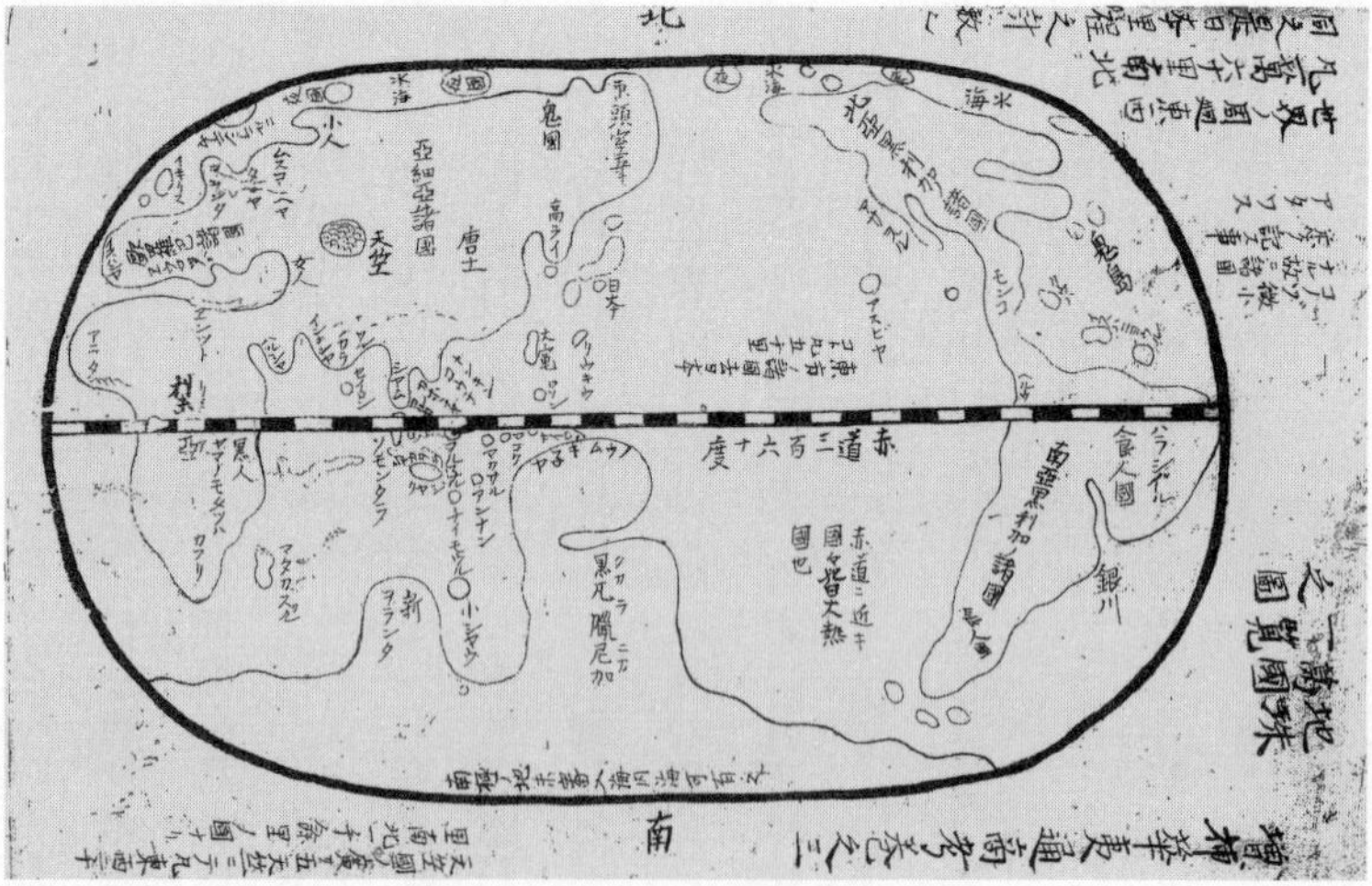

「地球万国一覧之図」（西川如見『増補　華夷通商考』）　ヨーロッパのアピアヌス図法に則り，中国（・日本）を中心とするなど，『坤輿万国全図』の影響下にある。空想的記述もめだつが，「亜細亜諸国」の文字は確認できる。

年）をはじめとして、ヨーロッパの地理知識は中国経由で日本に流入した（織田一九七四b）。そして第二に、西川如見《にしかわじょけん》▲や新井白石《あらいはくせき》▲をはじめ、オランダという窓口から積極的にヨーロッパの地理知識を取り入れ紹介した知識人がいたのである。「亜細亜《アジア》」は、こうした地理知識の一部として、日本ではじめて知られるようになった。

ただし、「アジア」という地域概念が紹介されるとともに、日本の人びとが自国をその一部として意識するようになったとは考えにくい。ごく限定的な対外関係のもと、ヨーロッパの地理知識は、一部の知識人のあいだで流通したにすぎない。また本居宣長《もとおりのりなが》▲のように、ヨーロッパ由来の地理知識に対して、中国中心の世界観を相対化する点では評価しながら、「亜細亜」を含めて、結局は外国からの見方・呼称にすぎないと拒絶する者もいた（『玉勝間《たまかつま》』）。

三谷博によれば、「アジア」が日本の人びとの世界認識に組み込まれていく契機は十九世紀後半、アヘン戦争における清《シン》の敗北から開国、明治維新《いしん》へという国際政治環境の大変動であった。欧米列国が軍事力を行使可能な存在として接触してきたとき、ヨーロッパ由来の地理知識は広く真剣に摂取されるようにな

▼西川如見　一六四八～一七二四年。長崎の町人《ちょうにん》（地役人の生まれ）。天文学・暦学・地理学などをおさめる一方、町人や百姓の心得を説いた。オランダ人由来の地理知識を紹介した著書『増補　華夷《かい》通商考《つうしょうこう》』（一七〇八〈宝永《ほうえい》五〉年刊）がある。

▼新井白石　一六五七～一七二五年。儒学者。徳川《とくがわ》将軍家宣《いえのぶ》の施政を補佐した。一七〇五（宝永二）年にイタリア人のジェズイット会宣教師シドッチが屋久島《やくしま》に潜入を試み捕えられた際に訊問にあたり、聞きとった地理知識をもとに『采覧異言《さいらんいげん》』（一七一三〈正徳《しょうとく》三〉年ごろ）と『西洋紀聞《せいようきぶん》』（一七一五〈同五〉年ごろ）を著わした。

▼本居宣長　一七三〇～一八〇一年。伊勢国松坂《いせのくにまつさか》の商家の生まれ。日本古代・中世の神話《しんわ》（『古事記《こじき》』『日本書紀《にほんしょき》』）・和歌《わか》・物語の解釈学を基礎とし、国学《こくがく》を大成した。

った。ただし明治維新前後においても、「アジア」という地域概念は重要な引照基準になったわけではない。世界の国々を「独立」しているか、「開化」しているか、軍事的な強弱はどうかといった基準で分類する枠組みのほうが、はるかに優位であった。そして「アジア」が積極的な意味をもつ地域概念として用いられる端緒は一八七〇年代末、朝鮮開国問題や琉球《りゅうきゅう》所属問題をめぐって日清関係が緊張し、それがロシアに干渉の余地をあたえると懸念されたことだった（三谷二〇〇五）。欧米列強への危機意識が「アジア」に意味をあたえただけでなく、維新後に中国をはじめとする近隣諸国との関係が緊密化し、「政治的相互依存関係」が意識されたからこそ、摩擦や抗争を調停しうる概念として「アジア」が引照されるようになったのである。

　また「東洋」はしばしば「アジア」と交換可能な地域概念のように用いられているが、「東洋」が日本でそのように用いられるようになったのは、明治維新前後からのことである。日中戦争直前の時期、津田左右吉《つだそうきち》は「東洋」という言葉を日本と中国とを含む地域概念として用いることについて、それが当時侵略の正当化に利用されつつあった状況を踏まえつつ、きわめて歴史の浅い用法だと指摘

▼**朝鮮開国問題**　日本と朝鮮との国交は一八一一（文化《ぶんか》八）年の朝鮮通信使来日を最後にとだえていた。維新直後から新政府は朝鮮に国交の刷新を求めたが、朝鮮は、日本側が天皇の名のもとに「皇」「勅」など中国皇帝の用いる文字を用いたためもあり、要求を拒絶した。日本国内ではこれを屈辱として征韓論《せいかんろん》が起こった。日朝修好条規締結によって問題は収束した。

▼**琉球所属問題**　近世の琉球王国は清国と宗属関係をもつ一方、薩摩《さつま》藩の侵攻（一六〇九年）を受け支配される「両属」状態にあった。明治維新後、日本政府は琉球を藩として清国への朝貢《ちょうこう》停止を命じ、一八七九（明治十二）年には琉球国王尚泰《しょうたい》に沖縄県の設置、すなわち日本への併合を受諾させた（琉球処分）。清国はこれに強く抗議し、日清間で琉球諸島を琉球王国・沖縄県に分割する案が検討されたが、実現はしなかった。

した（津田一九三六）。すなわち、「東洋」も「西洋」も中国語では元来、世界の中心たる中国（「中華《ちゅうか》」）からみて文字どおり東の海、西の海をさしていたにすぎない。やがて「東洋」は中国の東にある日本をさすようにもなったが、いずれにしても中国を含むことはありえなかった。しかし幕末維新期の日本において「東洋」は、佐久間象山《さくましょうざん》▲が「東洋道徳、西洋芸術」と述べたように、「西洋」（ヨーロッパ）に対置する意味で、中国を文化的中心とし、かつ日本を含む地域概念としてあらたに用いられるようになったのである。

「アジア」概念の政治性

すでに述べてきたように、アジアという地域概念が、日本で単なる地理的呼称ではなく政治的意味をおびた言葉になったのは、明治維新以後の新しい現象だった。近隣諸国との条約を通じた国交が開かれ、領土紛争もいったん収束したあとの一八八〇年代には、アジアを語ることにより日本から近隣諸国に働きかけようとする主張や行動が数多くみられるようになった。ただし、いかにアジアの連帯が語られたとしても、中国を中心とした伝統的な中華帝国秩序に対

▼**津田左右吉**　一八七三〜一九六一年。東京専門学校政治科卒業。日本古代文学史・思想史研究者。満鉄《まんてつ》地理調査員などをへて、早稲田大学教授。『古事記』『日本書紀』の創作性を史料批判に基づいて論証した研究が戦時中に弾圧され、一九四〇（昭和十五）年に早稲田大学を辞職させられた。

▼**佐久間象山**　一八一一〜六四年。信濃《しなの》松代《まつしろ》藩士。朱子学《しゅしがく》を学んだのち、さらに兵《へい》学・蘭《らん》学をおさめ、開国《かいこく》論を唱えた。「芸術」は学術・技芸の意。

し、日本が主権国家の論理を持ち込んで挑戦するという大枠は変わらなかった。そしてアジア連帯の理念は、あくまで日本の独立維持を最優先したパワー・ポリティクス上の判断を正当化するために意味をもっていた（坂野一九七四）。

たとえば、日本と朝鮮との対等な「合邦《がっぽう》」を提言した樽《たる》井《い》藤吉《とうきち》▲の『大東《だいとう》合邦論』は、のちに日韓併合を正当化する論理となったとして、アジア主義の両義性を示す例とされる。しかし、かりに樽井に朝鮮支配の意図がまったくなかったとしても、これは当時の国際秩序への挑戦を意味した。「合邦」の実現可能性は朝鮮が日朝修好条規《にっちょうしゅうこうじょうき》▲によってすでに「自主之国」＝主権国家になったという認識を前提としており、それを宗主国《そうしゅこく》の清が認めないことを樽井は理解していた。また「合邦」の意義について、樽井はロシアと清国の「敬畏《けいい》」をえられると主張しており、真意は両国に対抗できる規模の国家をつくることにあったと思われる。樽井は清国を「益友《えきゆう》」とすべきだと主張しているが、当時の日清関係の緊張を考えれば、戦争にいたらないだけでも充分に「益友」だったといえよう。

　また、この時期までのアジア論において視野にはいっていたアジアの範囲は、基本的に中国・朝鮮・琉球・日本を主とする中華文明圏だった。問題は、ヨー

▼樽井藤吉　一八五〇〜一九二二年。一八八二（明治十五）年、東洋社会党を結成（数カ月で解散処分）。壬午《じんご》事変〜甲申《こうしん》事変の時期、日本の支援を求めていた朝鮮「開化」派の金玉均《きんぎょくきん》と接触。一八八五（明治十八）年に『大東合邦論』を執筆。自身の拘引により初稿は紛失し、再度執筆されたものが一八九三（明治二十六）年に刊行された。

▼日朝修好条規　日本の軍人の挑発行為に対して朝鮮側が発砲した江華島《こうかとう》事件（一八七五年）をきっかけに、一八七六（明治九）年、黒《くろ》田清隆《だきよたか》（全権弁理大臣）・井上馨《いのうえかおる》（副使）が朝鮮に赴き、締結を受け入れさせた条約。「大日本国」「大朝鮮国」のあいだで対等の形式で結ばれ、第一条には朝鮮を「自主之国」と記した。領事裁判権が日本にだけあった点は、日本と欧米との条約同様に片務的だが、これは朝鮮が日本の開港地に領事をおかなかったことと対応している。

ロッパからみたアジア・東方が起点としていた地中海東岸のイスラム諸国や、その東(中国とのあいだ)に位置するインドが、日本からみた「アジア」「東洋」に含まれていたかどうかである。後述するように、二十世紀前半に岡倉天心や大川周明が展開したアジア論でもっとも議論が錯綜したのはこの点だった。

三谷博が明治初期の新聞を分析して明らかにしたように、欧米や上海、横浜で発行された英語新聞からの情報などを通じて、ヨーロッパからみたアジアがトルコやインドを含むことはたしかに知られていた。しかし、「亜細亜全州」の人びとを「我が同胞」とみなすような認識はごく例外的だった(三谷二〇〇五)。むしろこれを厳密に考える必要は、明治維新前後においては生じなかったと考えるべきだろう。アジアも東方(Orient, East)も「東洋」も、日本と中国・朝鮮を含み、ヨーロッパ・西洋の対義語だというだけで、日本にとっての国際政治状況を理解するうえでは充分に通用したのではないか(塩出二〇〇七)。

『大東合邦論』は、このようなアジアの範囲の曖昧さもよく示している。樽井はアジア=「黄人」対ヨーロッパ=「白人」という二項対立を提示したうえで、さらに「亜細亜黄人」を「東」の「漢土」と「西」の「印度《インド》埃及《エジプト》」とに分けた。区別の根拠は、「漢土」では社会が「一種族を以て成る」のに対して、「印度以西」はヨーロッパと同じく「異種族混合之社会」だからだった。「一種族」の社会は「親愛の情」によっておのずと「倫理」(「忠孝の教」＝儒教《じゅきょう》)が生まれ、国家がおさまる。対して「異種族混合」の社会では「生存競争」が激しく、法律や宗教によって社会が維持され、個人が「国家の本原」となるというのであった。結果として、アジアとヨーロッパとの「国勢人情」の違いを語る際、「亜細亜黄人」だったはずの「印度以西」はヨーロッパに分類された。樽井は日本・朝鮮の合邦の根拠として「東亜」における「国勢人情」の共通性を主張しようとしたため、「印度以西」についてはかえって異質性(ヨーロッパとの共通性)を強調することとなったのである。

　このように、アジアという地域概念の指示する範囲が時代や人によってどころか、一つのテキストのなかでさえ揺れ動いてみえることを、どう理解すればよいのだろうか。

　第一にだしうる答えは、範囲を明確にする必要はないというものだ。人びとはアジアの範囲を意識しながらアジアについて語っていたわけではなく、アジアという言葉によって、日本と近隣諸国との関係について意味づけられれば充分だったのではないかという解釈である。矢野暢は「東南アジア」という地域概念が第二次世界大戦後のアメリカやイギリスの軍事作戦上の区画として、本来の国家や社会の成り立ちと無関係に設定されたことを指摘し、あらゆる地域概念は「恣意的な定義の産物」だと述べている（矢野一九八六）。これは地域概念が政治的論議で用いられる場合の問題点を理解するうえで、まず踏まえておくべき考え方といえる。

しかし第二に、いかに恣意的だったとしても、アジアという地域概念になんらかの意味付けをしたならば、その意味付けは逆に日本と他の国々との関係を規定する要因として働いたのではないだろうか。樽井藤吉の場合にもみられるように、アジアに地理的な意味以上の共通性をみいだそうとすれば、その共通性自体がどの範囲であてはまるのかがおのずと問題になってくるからである。

ここで改めて参考にしたいのは、津田左右吉が用いた議論の枠組みである。津田は日中戦争直前の時代状況下で、東洋という「地理的称呼」に「文化的意義」や「政治的意義」がこめられていることに疑義を呈したのだが、これを分析的にとらえなおすと、東洋という地域概念は、地理的観点・文化的観点・政治的観点というそれぞれ別個のレベルでの意味付けがなされていたとみることができる。文化とならんで「黄人」「白人」などの「人種」も、一見科学的な観点ゆえに地域概念の意味付けにしばしば用いられた。いずれにしても重要なのは、地域概念がある政治的議論のために言及されるとき、地理的共通性(近さ)、文化的・「人種」的共通性(同質性)、政治的共通性(共通の敵、運命共同体)といった、本来必ずしもたがいに合致するとはいえない要素が、あたかも一つのまとまった意味をなすかのように論じられるということである。次項からは岡倉天心と大川周明のアジア論を実際に読み解いていくが、その際、アジアに対するこのような意味付けについて、いわば腑分《ふわ》けを行う態度をもってテキストに接することとしたい。

②——岡倉天心——日本美術の構築とアジアへの呼びかけ

明治国家建設期の美術行政官僚

近代日本美術の制度設計者・岡倉天心を本書で取り上げるのは、なによりも、「アジアは一つ」という言葉を残した人物として彼が知られているからだ。ただし最初に確認しておくと、“Asia is one.” と天心が言明したのは、英語で書かれた著書 *The Ideals of the East*（『東方の理想』一九〇三年）の冒頭だった。天心本人が日本語で日本人に向けて「アジアは一つ」と呼びかけたことがあるかどうかは、史料からはわからない。

The Ideals of the East は、内容からいえば日本美術史論の書物でもあった。まずは天心の本業だった、近代日本美術との関わりから追っていこう。

岡倉覚三《かくぞう》は一八六三（文久《ぶんきゅう》三）年、横浜《よこはま》の生糸商（元福井藩士）の家に生まれた。「天心」は、後年に用いた雅号《がごう》である。外国人居留地《きょりゅうち》▲に接して育った幼年期の天心は、当時一般的だった漢籍の学習にさきだって本格的な英語教育を受ける機会をえ、一八七三（明治六）年には一〇歳にして東京外国語学校▲に入学した。

▼**外国人居留地**　幕末の開港・開市にともない、横浜・神戸・長崎・東京（築地《つきじ》）・大阪（川口《かわぐち》）には外国人が居住や商業その他の活動を許される居留地が設置された。横浜居留地には生糸貿易などに携わる欧米人が多数来住した。新聞・雑誌や飲食品、建築など欧米からさまざまな文物が導入された居留地は、日本社会にとって文化接触の窓口となった。居留地制度は一八九九（明治三十二）年、条約改正にともない撤廃され、外国人の国内活動は自由化された。

▼**東京外国語学校**　一八七三（明治六）年創立。一八八五（明治十八）年、東京商業学校に合併され消滅。一八九七（明治三十）年に高等商業学校附属外国語学校として復活し、九九（同三十二）年にふたたび東京外国語学校として独立した。一九四九（昭和二十四）年、東京外国語大学（新制）。

その後、天心は東京大学▲文学部の学生となった。政治学・理財学の専修に属したが、国文学・漢文学・英文学をはじめ幅広く学問をおさめ、またのちに共に日本古美術の調査を行うフェノロサ▲にも出会って教えを受けた。

一八八〇(明治十三)年に東京大学を卒業した天心は、一七歳の若さでただちに文部省に出仕し、当初は音楽取調掛《がかり》の任に就いたが、まもなく本格的に美術行政にかかわりはじめた。文部省にはいった一つのきっかけは、卒業論文として執筆していた「国家論」を、妊娠中だった妻基子《もとこ》(一八七九〈明治十二〉年に結婚)と喧嘩した際に焼かれ、かわりに「美術論」を即席で書いて提出したことだという。これではまるで偶然のようだが、近代国家の建設に邁進する明治政府によって創設された東京大学は当初、なにより官僚を速成する機関だった。天心には、近代国家日本にふさわしい芸術を政府として育成する役割があたえられたのである。それは政府主導による「殖産興業《しょくさんこうぎょう》」の芸術版だった。"fine art"の翻訳語である「美術」自体、近代化の一要素として導入された概念だった(北澤一九八九、佐藤一九九九)。

天心がかかわりはじめた時期の美術行政は、西洋美術奨励(工部《こうぶ》美術学校▲)か

▼**東京大学**　初代総長は加藤弘《かとうひろ》之《ゆき》。一八八六(明治十九)年に帝国大学へと改組、九八(同三十一)年に東京帝国大学となる。一九四七(昭和二十二)年、東京大学(新制)。

▼**フェノロサ**(E. F. Fenollosa)　一八五三〜一九〇八年。アメリカ人の哲学・美術研究者。一八七八(明治十一)年、東京大学に招かれる。一八八二(明治十五)年、講演記録を『美術真説』として刊行。一八九〇年帰米、ボストン美術館主管(〜一八九六年)。

▼**工部美術学校**　一八七六(明治九)年、工部省が工学寮附属として開設した美術学校。イタリア人教師を招き、西洋画法・油絵・石膏彫刻などを教えた。一八八三(明治十六)年廃止。

アーネスト＝フェノロサ

龍門伊闕石仏（早崎稉吉撮影、一八九三年）　天心の中国調査旅行に同伴した美術学校生徒の早崎が撮影した写真。

伎芸天（竹内久一作、一八九三年）　竹内は東京美術学校彫刻科。高さ二メートルを超えるこの木彫は一八九三年のシカゴ万博に出品された。

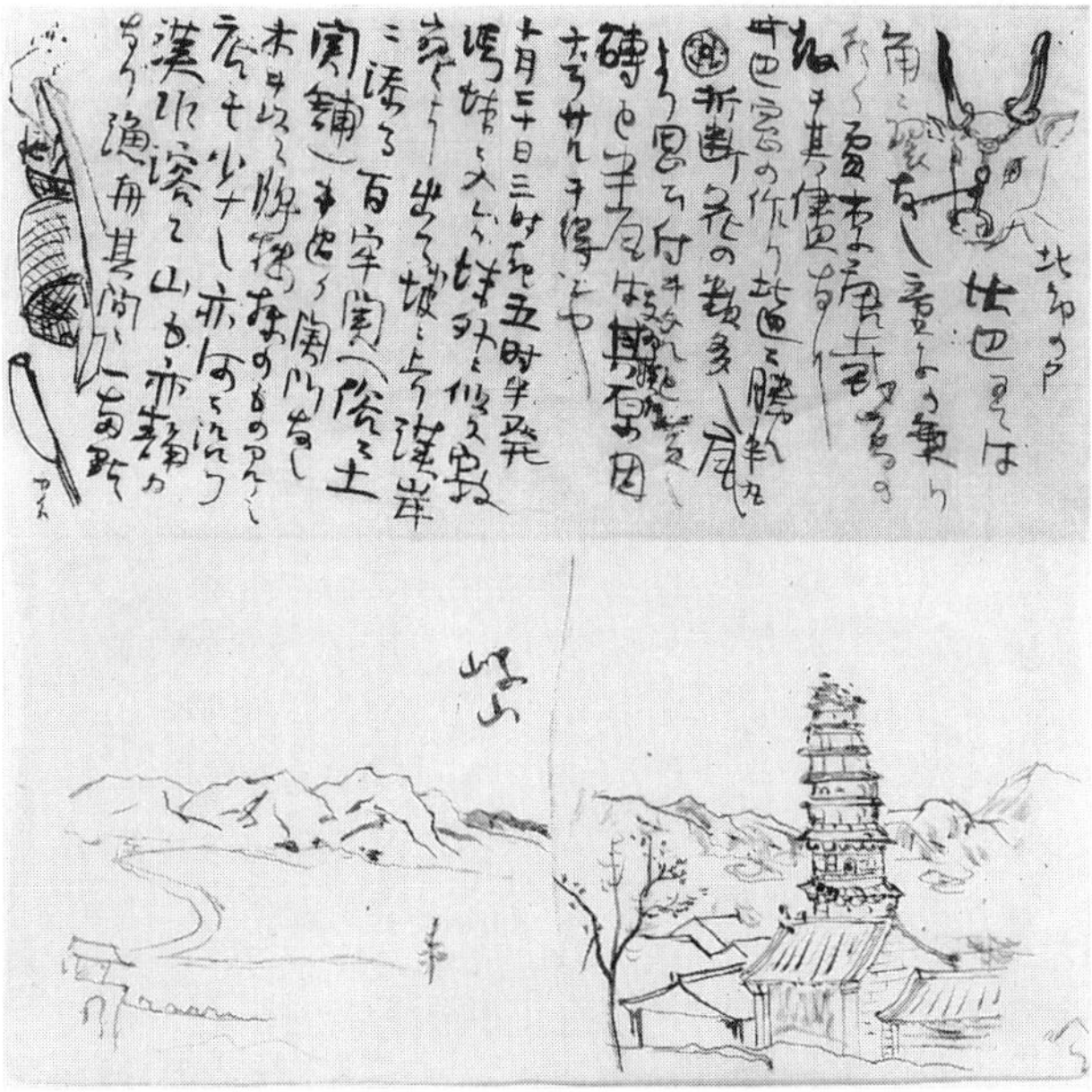
「支那旅行日誌」（岡倉覚三、一八九三〈明治二十六〉年）

ら伝統美術奨励への転換期にあった。恩師フェノロサに同道して、天心は京阪地方で古社寺に収蔵されていた仏像・絵画などの調査を行った。一八八四(明治十七)年に法隆寺《ほうりゅうじ》夢殿《ゆめどの》の秘仏観音菩薩《かんのんぼさつ》像▲(扉写真参照)の開帳《かいちょう》を求めた際、寺僧は「これを開かば必ず落雷すべし」と反対したが、フェノロサと天心は「落雷の事はわれらこれを引受く」と説き伏せた。「僧等恐れて皆去」ったあと、「千年前の臭気」や蜘蛛の糸、そして幾重もの布を払った末、彼らは「厳然として立」つ観音像を目の当りにした。天心はのちに、この発見を「一生の最快事」と語っている(「日本美術史」一八九〇年)。このように古社寺の美術品が、秘蔵されていたため真価を知られず、保存状況も劣悪なことを問題とし、天心は古美術保護の提言を行った。天心が推進した美術行政は資料保存、教育・研究、展示公開といった要素からなり、それらは相互に関連していた。一八八五(明治十八)年には新設された文部省図画取調掛の委員(翌年、主幹)となり、八六〜八七(同十九〜二十)年の欧米視察をへて、八九(同二十二)年には帝国博物館▲理事・美術部長。一八九〇(明治二十三)年には東京美術学校▲の校長にも着任し、みずから「日本美術史」を講義した。

▼**法隆寺夢殿観音菩薩像**(救世《くせ》観音) 夢殿の本尊。七世紀前半の作だが、早くから秘仏とされ寺僧も姿を拝することがなかった。聖徳太子《しょうとくたいし》の等身像とも伝えられる。

▼**帝国博物館** 一八八九(明治二十二)年設立。一九〇〇(明治三十三)年、東京帝室博物館に改称。東京国立博物館(一九五二年)の前身。

▼**東京美術学校** 一八八七(明治二十)年設置、八九(同二十二)年開校。東京音楽学校(一八八七年設置)とともに、東京藝術大学(一九四九年)の前身。

「輸入」「消化」「独立」の日本美術論

美術行政官僚としての天心には、思想的傾向として国粋《こくすい》主義への親近性が指摘できる。鹿鳴館《ろくめいかん》外交に象徴される性急な「欧化」を批判し、日本の「国粋」を「保存」しながら「開化」(近代化・文明化)を遂行しようとする立場である。国粋主義の主唱者である政教社《せいきょうしゃ》の雑誌『日本人』▲にも、天心はしばしば寄稿した。ただし当時の国粋主義は、いわゆる排外主義とは異なる。欧米に学ぶことは外面的な模倣であってはならず、むしろ欧米諸国がおのおの「国粋《ナショナリティ》」を基礎として発展しているのにならって、日本もみずからの「国粋」を重視してこそ、普遍的・根源的な「開化」が可能だ、という考え方だった(塩出二〇〇九)。

天心は欧米美術の単なる模倣を批判しながらも、「単に固有の美術を保存する者は現時に生存する能《あた》はざるなり」とした。日本美術の「過去の特色を保持する」意義を認めつつ、それは「徒《いたず》らに古人の画格を株守《しゅしゅ》」せよという意味ではないとし、他方では、「明治日新の智識を利用する」ことは「直に西洋の画品に模倣する」ことにはならず、むしろ「其(日本美術の)精神を開発するの方便」だと積極的に評価したのである。天心によれば日本美術の進むべき道は、「東西の区

▼**『日本人』** 志賀重昂《しがしげたか》(一八六三〜一九二七年)や三宅雪嶺《みやけせつれい》(一八六〇〜一九四五年)が一八八八(明治二十一)年、政教社を結成するとともに創刊した。

『国華』第一号（一八八九〈明治二十二〉年十月発行）　天心が高橋健三（内閣官報局長）とともに創刊した美術研究誌。

東京美術学校の制服を着た岡倉天心

別を論ぜず美術の大道に基き、理のある所は之を取り美のある所は之を究め、過去の沿革により現在の情勢に伴ふて開達する」こと、「能く沿革を釈《たづ》ね秩序を追ひ日本絵画独立の精神を養ひ、世界普通（普遍）の運動に応じて進化」することだった（「鑑画会《かんがかい》に於て」一八八七年、「『国華《こっか》』発刊の辞」一八八九年）。普遍的な進歩という観点から美術をとらえるなら、「西洋」か「日本」か、「東」か「西」か、「過去」か「現在」かといった二者択一は無意味であり、採《と》るべきものを採り、守るべきものを守ればよい。ただし、日本美術の「独立」は重んじねばならないというのであった。天心の主張は当時の美術振興において、伝統美術奨励への転換についで起こった路線の分岐とかかわる。伝統美術の復興・保存をめざす竜《りゅう》池会《ちかい》から日本美術協会（旧派）への流れが皇室・宮内省《くないしょう》に結合していったのに対し、伝統美術の革新をめざす天心・フェノロサらの鑑画会（新派）は文部省で主導権を握ったのである（佐藤一九九九）。

日本美術を世界的な普遍性のなかで発展させようという天心の姿勢は、美術研究者としての所説においては、一般化や単純化を忌避する態度としてあらわれた。すなわち、「一概に西洋美術と論ずるは容易」だが、「欧米なる者は果し

「**落葉**」（左隻。菱田春草筆，1909〈明治42〉年）

て何処に在る乎《か》」。また「純粋の日本論者」は「常に日本固有の字を口にする」が、「日本固有なる者は果して何処に在る乎」と、「西洋」「欧米」や「日本固有」という総論で美術を論じようとする人びとを天心は手厳しく批判した。そもそも「美術は天地の共有なり、豈《あに》東西洋の区別あるべけんや」と、普遍性の論理は線引きによる議論を拒むものだった（「鑑画会に於て」）。

「日本固有」という考え方への批判は、天心の美術研究の根幹にかかわる。天心は東京美術学校ではじめて日本美術史の講義を行ったときから、「支那《シナ》美術」および中国を経由して日本にもたらされた「インド・ギリシア風」美術の多大な影響をあげ、「実にわが邦美術の原因は、その大部ほとんど外国より来れり」と明言した。しかし天心によれば、「外国の文化を輸入せりとて、あえて愧《は》ずべきにあらず」。「西洋の文明」はギリシア・ローマに由来するが、直接のつながりをもたない現在の欧米人がそれを「わが物として論」じているではないかと天心は指摘した。重要なのは、「輸入」した文化を「よく渾化《こんか》」（一体化）し、「その国のもの」とすることだった。欧米から美術を「輸入」することへの反発・抵抗から過去の歴史に「日本固有」の美術を追い求めても、そこには「輸入」の歴史しかなかったことが発見される。しかしそれは問題ではない、要は「自ら主となり進歩」すればよいと天心は説いた(「日本美術史」)。

「支那美術」や「インド・ギリシア美術」の影響についての言及は、天心がすでに学問領域としての「東洋美術史」を構想していたこととも関係する。「本邦《ほんぽう》の上古《じょうこ》、韓漢及中亜細亜《アジア》諸邦と交通来往して得たる所の美術的性質の包合を分析し、其来歴沿革を詳述」しようとの企図である(「『国華』発刊の辞」)。天心の「東洋」がこの時点で中国・朝鮮だけでなく「中亜細亜」(おそらくインド)を視野にいれていたこと、またやがて学問として確立する東洋美術史が日本美術史を除外したのに対し、天心があくまで「東洋」のなかに日本を位置づけようとしたことは特徴的である。ただし美術研究者として一般化や単純化を忌避していた天心は、「東洋」「亜細亜」に共通する美術の存在を提示しようとしたわけではなく、あくまで各地域の美術がどのように日本に影響してきたか具体的に明らかにしようとしていた。したがって「東洋」「亜細亜」の内部に限らず、古代にギリシア美術がインド、中国を経由して日本の仏教美術におよぼした影響についても天心は考慮していた(「日本美術史」)。

天心は一八九三(明治二十六)年七月から十二月に、中国へ古美術の実地調査のため旅行した。半年間の調査をへた報告の席上、天心は「我美術は凡て支那から来て居るやうだ」と確認したうえで、しかしまた「日本の美術の独立」をも確認して「安心」したと述べた。つまり「我美術は決して支那の美術の一分脈丈《だけ》のものではな」く、「支那の影響」を日本は独自に「変化」「発達」させてきたのであり、「決して恥る所はない」というのであった(「支那の美術」一八九四年)。後世からみると日清戦争が間近なこの時期、両国の政治的な緊張関係はすでに明白だったが、天心は歴史的にみて日本の美術が中国の圧倒的影響下にあったと認め、そのうえであえて「日本の美術の独立」を語ったのである。

美術行政官僚としての天心の歩みは、自身の失脚によってたたれた。東京美術学校での内紛や、上司九鬼隆一《くきりゅういち》▲(帝国博物館総長)の夫人波津《はつ》と恋愛関係をもったことなどによる確執が原因となり、天心は一八九八(明治三十一)年三月に帝国博物館理事・美術部長を免じられ、また東京美術学校を非職処分となったのである。天心は辞官し、ともに退職した教官たち▲を率いて同年十月、日本美術院▲を創立し、民間での美術振興・教育活動というあらたな道に進んだ。しか

▼九鬼隆一　一八五二〜一九三一年。文部省、アメリカ公使をへて一八八八(明治二十一)年に宮《きゅう》中顧問官《ちゅうこもんかん》。岡倉天心やフェノロサとともに古美術調査に従事した。一八九五(明治二十八)年に枢密顧問官。一八八九(明治二十二)年から一九〇〇(同三十三)年まで帝国博物館総長を兼任。

▼ともに退職した教官たち　橋《はし》本雅邦《もとがほう》・横山大観《よこやまたいかん》・岡崎雪声《おかざきせっせい》・小《こ》堀鞆音《ぼりともと》・菱田春草《ひしだしゅんそう》・六角紫水《ろっかくしすい》・下村観山《しもむらかんざん》・西郷孤月《さいごうこげつ》・剱持忠四郎・寺崎広業《てらさきこうぎょう》など。

▼日本美術院　一八九八(明治三十一)年創立。一九一〇(明治四十三)年、天心の渡米により事実上解散。一九一四(大正三)年、前年に没した天心を追慕して再興された。

し以後も天心は、近代日本美術の制度設計者としての姿勢を維持した。「一面に復古的に(日本の)これまでの長所を守」り、他方で「世界から這入ってきます百般のものを消化して明治の美術を建設」することが「吾々美術家」の課題だと天心は述べ(「日本美術院新潟展にて」一九〇〇年)、外国から「輸入」した美術を「消化」して「独立」を維持してきたのが日本の美術であり、今後もそうあるべきだという日本美術論を、日本の人びとに訴え続けた。

インド旅行とアジアへの目覚め

天心の思想的転機は一九〇一(明治三十四)年から〇二(同三十五)年、約九カ月にわたるインド旅行であった。その第一の目的は中国旅行と同じく、美術研究のための「古蹟調査」だったが(「印度《インド》旅行談」一九〇二年)、インドの人びととの出会いは、視野の著しい拡大をもたらした。宗教家ヴィヴェカーナンダ▲に感銘を受け、またも詩人タゴール▲らの一家と親しくした天心は、実現こそしなかったが、彼らを日本に招いて「東洋宗教大会」を開こうとした(堀岡一九七四)。

帰国後の天心は、インドが「英国に占領せられた」ことを「心ある者は余り面

▼スワーミー＝ヴィヴェカーナンダ(Swami Vivekananda)　一八六三〜一九〇二年。インドの宗教理論家。イギリス式の高等教育を受けたのち、ラーマクリシュナ(一八三六〜八六年)に師事しヒンドゥー教の再興に尽力。一八九三年、シカゴでの世界宗教会議に参加。インド・ナショナリズムに強い影響をあたえた。

▼ラビンドラナート＝タゴール(Rabindranath Tagore)　一八六一〜一九四一年。詩人。一九一三年にノーベル文学賞受賞。反帝国主義を掲げ、諸国を歴訪して被抑圧民族の解放を呼びかけた。一九一六(大正五)年、日本に来訪。

白くないと思ってゐるやう」だと語った（「印度旅行談」）。すでに美術研究上「東洋」「亜細亜」に関心をもっていた天心だが、イギリスへの従属とそれに対するナショナリズムの成長というインドの政治状況に目を開かされたことは、世界認識の大きな変化をもたらした。天心がインド滞在中に記した無題の英文草稿（通称「東洋の覚醒」）▲は、それを如実に示す。草稿は、次のように始まる。

> アジアの兄弟姉妹たちよ！
> おびただしい苦痛が、我々の祖先の地を覆っている。東方の人々（the Oriental）とは女々しい人々（the effeminate）の同義語となった。土着の民（the native）とは奴隷の旧名である。我々の温和さ（gentleness）に対する賛辞は、外国人（alien）が礼儀正しいのは臆病のせいだという皮肉なのだ。商業の名において我々は好戦的な人々を歓迎している。文明の名において帝国主義者を抱擁している。キリスト教の名において無慈悲な人々の前にひれ伏している。国際法の名は白い羊皮紙《ようひし》の上に輝いている——だが、全《まった》き不正の影が有色の皮膚に黒く落ちている。

この文章は英語で書かれているが、天心が呼びかけたのは欧米人ではなく、

▼**無題の英文草稿**　通称の「東洋の覚醒（*The Awakening of the East*）」は『岡倉天心全集』収録に際して付された表題で、天心がつけたものではない。草稿の末尾に記されたWe are one.（我々は一つ）が原題だった可能性もある（木下一九八〇・二〇〇五）。

「アジアの兄弟姉妹たち」だった。そして天心は、「東方の人々」「土着の民」「温和さ」をはじめ、欧米人が世界進出の過程でアジア・東方という他者に結びつけた言葉が、みずからの優越や支配を正当化する論理だったと説いている。これはサイードのオリエンタリズム批判に通ずる問題意識といってよい。さらに天心は、「文明」「キリスト教」「国際法」の普遍主義が「我々」には適用されないという二重基準を批判した。以上の問題提起は、次の一言に集約される。

ヨーロッパの栄光はアジアの屈辱である！

天心が発見したのは、近代ヨーロッパによって他者として規定されるアジアとしての境遇を、イギリスに植民地《しょくみんち》化されたインドも、独立を保ち主権国家体制に参入した日本も共有していることであり、それこそが天心が自称し呼びかける「我々」だった。

だが、天心は単に「ヨーロッパの栄光」が「アジアの屈辱」だという事態をみいだしたのではない。天心の気付いたより大きな問題は、「アジアの国々は互いに孤立しているため、このぞっとするような事態を総体的な意味において把握できずにいる」こと、おそらく天心自身がインドではじめてその事態を認識したことだった。つまりアジアという枠組みがヨーロッパから規定されただけでなく、アジアとしてくくられる領域をはじめて一つにしたのもヨーロッパだった。

このヨーロッパによるアジアの一体化が深刻な意味をもつのは、次に引用するように、交通手段などによる物理的な一体化だけでなく、むしろそれ以上に学問や知性によってアジアを結びつけたのがヨーロッパだったからだ。

恥ずかしいことだが、隣り合う国々についての我々の印象は大部分ヨーロッパを出所にしており、実際に歪曲の意図はなくとも、おのずとヨーロッパ人(外交官・宣教師・文人旅行者)の解釈によって潤色されている。

アジアを訪れたヨーロッパ諸国の人びとは数多くの滞在・調査記録を残したが、それらは未知の社会に対する読者の知的関心を満たすと同時に、ヨーロッパを特権化するオリエンタリズムをもっとも典型的に体現していた。しかし、こうした文献はヨーロッパで消費されただけでなく、アジアのなかの国・地域同士でも、たがいに交渉が乏しいために貴重な情報源となった。インド旅行以前の天心自身、後述するようにインド美術についてイギリス人の研究を介してしか、したがってオリエンタリズムを介してしか学びえなかったのである。

ヨーロッパから〝主体たりえない他者〟として対象化されたアジアという境遇に抗しようとする天心は、さらに次のように、ヨーロッパによる一体化という事態が意味したもう一つの側面を明らかにしている。

私は今ほかならぬ彼らの言語を用いて諸君に訴えることができるのであるが、このことが東方(the East)の一体化を意味しているのである。

岡本佳子は天心のこの言葉に、「植民者の言語を介して円滑なコミュニケーションが成立してしまう『非西洋』圏の文化的弱者としての意識」を指摘する(岡本二〇〇四)。天心がこの草稿を英語で記したこと自体に端的に示されるように、ヨーロッパによって一体化されたアジアの内部においては、その境遇に抗しようとする相互の呼びかけも、さしあたり共有するヨーロッパ言語を通じてなされざるをえなかったのである。しかし天心は、これを避けようのない事態として受け入れ、積極的に活用しようとした。

天心が訴えたアジア復権の論理は、どのようなものだったか。草稿で天心は「全アジアの武装」「汎アジア同盟(the Pan-Asiatic Alliance)」と、窮極的には政治・軍事的な結合の可能性にも言及した。しかし、「東方の国民(Eastern nation)はそれぞれ再生の種子をみずからの内部に求めねばならない」「まず自分自身の力を感じねばならない」というのがなによりの前提だった。つまり天心がアジアの諸国民に必要と考えたのは自信の回復であり、それはオリエンタリズムの克服であった。克服の論理は、大別して三つの要素からなる。

(1)ヨーロッパのアジア・東方に対する無理解。

結局、西方(the West)は東方(the East)について何を知っているのか。ヨーロッパ人が東方についての学識(Oriental scholarship)があるといえる資格など、まったくあやふやなものだ!

(2)アジアは(きわめて多様にもかかわらず)一体であること。

東方の生活(Eastern life)に底流する一体性は、我々の間の交渉の乏しさにもかかわらず、誤ることのない一つの洞察を与えてくれる。もっとも共感ある西方人(Westerners)でも、親密と知識を得る無数の便宜があるにもかかわらず、謎めいたアジアの人々を理解できずにいる。だが東方の民(the Oriental)はただちに東方の民と通じあう。我々諸国民は各々、同一の社会的理想、同一の経済機構、同じ抱負と偏見とを反映している。

つまりアジアの一体性とは、実際の「交渉」ではなく、ヨーロッパ人には理解できないなにものかを共有していることだった。オリエンタリズムの限界という主張(1)とアジアの一体性とは、表裏一体に関係づけられていた。

(3)アジアはヨーロッパに劣っていないこと。

東方の社会と諸理想とを厳密に考察するのに、西方に対する遜色を恐れる必要はない。

西方は厚かましくも我々を停滞した成長の犠牲者だと書いている。だが彼ら自身は、特殊な発達の異常な標本ではないのか。

(3)に明らかなように、天心はヨーロッパの側から創りだされたヨーロッパ対アジア、西対東という二項対立の図式を、優劣について反転させることで、アジア・東方の復権を論じようとした。だが、二項対立の枠組み自体についてはそのまま受け入れた結果として、天心はアジアの文化的な一体性(2)を語るという難題を背負うことになった。前述のように「日本固有」「西洋」といった言葉による美術の一般化を忌避していた天心の態度からすれば、アジア内部の文化的な多様性を語ることによって地域概念としての無内容を指摘することも論理的には可能だったと思われる。だが、アジアのヨーロッパに対する政治的な境遇の共有を認め連帯を求める立場からは、アジアの文化的な一体性という根拠付けが望ましかったのではないだろうか。

　そしてアジアの一体性を主張するとき、問題となるのはその範囲である。天心が「共通の復活の叫び」を伝えようとする地域の範囲は、「千島《ちしま》(クリル)列島▲からコモリン岬▲へ、畝《うね》のように波跡のついたカンボジアの海岸からさざ波立つ緑のクレタ島▲へ」、つまり日本からインドをへてトルコまでと、まさにヨーロッパに規定されたアジアの全域にわたっていた。この広大な地理的範囲に、どのような一体性があるというのか。これについて本格的な議論を展開したのが、やはりインド滞在中に書き上げた *The Ideals of the East* である。

　なお結局、天心はこの英文草稿を公表しなかった。天心の訴えは、「アジアの兄弟姉妹たち」にも日本の人びとにも届けられることがなかったのである。

▼**千島(クリル)列島**　ロシアと締結した千島・樺太交換条約(一八七五年)によって日本領に確定した。原文はthe Kurilesと記す。戦後、サンフランシスコ平和条約(一九五一〈昭和二十六〉年調印、五二〈同二十七〉年発効)によって日本の放棄が確定し、ソビエト連邦(現、ロシア)領。

▼**コモリン岬**　インド最南端の岬。

▼**クレタ島**　地中海の島。一六六九年にトルコ領となる。この後、一九二三年にギリシア領に編入された。

▼ニヴェディタ(Sister Nivedita) 一八六七〜一九一一年。アイルランド生まれ。本名はマーガレット＝ノーブル(Margaret Noble)。ロンドンで女子教育に携わっていたが、一八九五年に来英したヴィヴェカーナンダに出会って以後多大な影響を受け、インドに渡って師事した。

法隆寺金堂壁画

The Ideals of the East(『東方の理想』)——アジアの一体性と日本美術

天心の最初の著書、*The Ideals of the East*(『東方の理想』)は一九〇三(明治三十六)年にロンドンから出版された。執筆のきっかけはインド旅行以前で、一九〇一(明治三十四)年ごろに来日して日本美術を研究していたイギリス人とアメリカ人に天心が日本美術史を講義した際、英文での著書刊行の交渉がなされた。したがって当初は欧米人に日本美術史を紹介するのが目的だったと思われるが、成稿にいたったのはインド滞在中であり、ヴィヴェカーナンダに師事していたイギリス人ニヴェディタ▲の協力を受けてのことだった(木下一九八〇)。インド滞在中、天心はこの書物に、以下に述べるように日本美術史の紹介を通じてアジアの一体性を論じようというあらたな目的を加え、インド人をはじめとする非欧米人の英語読者をも想定するようになったと考えられる。

冒頭で「アジアは一つ(Asia is one.)」と宣言した天心は、続けてすぐに、中国文明とインド文明という「二つの強力な文明」の並存を認める。しかし、「全てのアジア民族(every Asiatic race)」は「窮極的かつ普遍的なもの(the Ultimate and Universal)への愛情」を共有しており、複数の文明の存在はアジアの一体性と矛盾しない。そして、この「複雑の中の統一（unity-in-complexity）」を体現しているのが日本の美術史だと述べた。すなわち、日本の美術は中国文明（儒教《じゅきょう》）とインド文明（仏教）から多大な影響を受けてきているが、いまや中国やインド自体でも失われかけているそれらの要素をみずからのなかに生かし続けることによって、「日本はアジア文明の博物館」、「日本の美術史はアジアの諸理想の歴史」なのだというのであった。つまり天心によれば、アジア・東方の「諸理想」を一身に具現しているのが日本の美術だった。すでにみてきたように、天心は従来、日本の美術が中国文明やインド文明からの「輸入」と「消化」によって形成されたと論じていたが、その周縁性・外来性は一転してアジアの一体性を体現するものと意義づけられたのだった。

　以上を前提に、天心は各時代の日本美術について中国・インドの影響に重点をおきつつ論じている。内容は前述の「日本美術史」講義などと重なる部分も多いが、注意すべき変化もある。奈良時代初期の美術について、「日本美術史」講義では法隆寺金堂壁画《こんどうへきが》▲に「インド・ギリシア風」の影響がみられるとして大きく取り上げていたが、本書ではインドのアジャンター石窟《せっくつ》壁画▲との共通性があげ

▼**法隆寺金堂壁画**　六七〇年に焼失した法隆寺金堂の再建にともない、八世紀初頭までに制作されたと推定される仏画。表現の様式には唐代中国の影響、またそれを介してインド・中央アジアの影響がみられる。一九四九（昭和二十四）年の火災によってほとんどが著しく焼損し、現在は模写が展示されている。

▼**アジャンター石窟壁画**　インド西部デカン高原の仏教石窟寺院で、前二～一世紀から後七世紀にわたって、建造とともに描かれた壁画。一八一八年、イギリス軍将校らによって再発見された。

アジャンター石窟壁画

られるだけで、ギリシアへの言及がなくなっている。

この変化は、明らかにインド旅行をへて起こっている。帰国後の天心は、従来みずからがおもに依拠してきたイギリス人によるインド研究の限界を指摘し、とくに「英学者が唱道する印度に於る希臘《ギリシア》の影響の如きも従来想像するが如き大方面に渉《わた》ったのでない」(「印度美術談」一九〇三年)、「従来はギリシア印度式の影響とのみ思惟せし我国の古美術品の如きも、余が旅行によりて得たる所よりしては、全く印度式のみの影響と判定して可ならん」(「史学会席上の印度研究談」一九〇三年)と述べた。現地調査の結果、インド美術に対するギリシア美術の影響は少なく、したがって日本美術への影響も少ないと主張するようになったのである。法隆寺金堂壁画とアジャンター石窟壁画との共通性は、天心にとってこうした発見の一つだった。

これは天心が、インドの美術をみずからの目で確認したことにより学術的な考察を深めただけでなく、ヨーロッパのアジア研究が内包するオリエンタリズムへの批判の視座を獲得したことを意味している。帰国後の天心が「印度には西人の説きし所にのみ従がひ難しと思考せらるゝ種々の研究題目(が)無限に存在」すると述べ、さらには「印度と欧州との関係の親密なるを説く事のさかんなるは英政府が政治上、印度人をして外国人の支配下に立てりとの観念を生ぜざらしめんがための方便」だとまで語っているのは、明らかにオリエンタリズムの権力性を意識した発言であった（「史学会席上の印度研究談」）。

ただし、ギリシア美術の影響についての言及がなくなったのは、アジアの文化的一体性を主張するうえで不都合だったからとも考えられる。天心は古代インド美術に関して、「ギリシア人の影響など跡形もなく、かりに外国の流派との関連をつけねばならないというなら、メソポタミア人・中国人・ペルシア人などの間にその痕跡の認められる、古代アジア美術をこそ結びつけねばならない」と述べたが、ギリシアとの影響関係だけを否定した理由は、ギリシアがアジアではなく地中海を隔てたヨーロッパの一部だったからではないだろうか。

そして右の引用にも明らかなように、天心はアジアの範囲に地中海東岸のイスラム文明圏を含めていた。しかも次のように、この地域が中華文明圏・インド文明圏とともにアジアとしての「複雑の中の統一」を構成すると主張した。

アラブの騎士道、ペルシアの詩、中国の倫理、そしてインドの思想、これら全てが単一の、古くからのアジア的平和を語っている。その中では一つの共通の生命が育っており、さまざまな地域でさまざまの特徴ある花を咲かせながらも、どこにも確たる境界線は引けないのである。イスラーム自体、騎馬にまたがり剣を手にした儒教だとみなすこともできる。というのも古めかしい黄河《こうが》の共産主義(communism)のうちには、ムスリム諸民族の間で抽出されおのずと実現されていると見られるような、純粋に牧歌的な要素の痕跡を識別できるからだ。

アジアにおいて「窮極的かつ普遍的なもの」は一つであり、各文明圏において発現の仕方が違うだけだ(Advaitism = 不二一元《ふにいちげん》▲)という確信を天心はもっていたのかもしれない。文化的一体性という言葉が不充分なら、価値的・精神的な一体性といいかえてもいい。しかしそれでも、イスラム教と儒教とが本質においては同一だという命題が、学術的な論証可能性を前提としていたとは考えにくい。また、この書の本体をなす日本美術史論で言及されるイスラム美術は、正《しょう》倉院宝物《そういんほうもつ》▲にある「インドあるいはペルシア起源」の「ガラスの杯、七宝焼《しっぽうやき》の鏡」にとどまった。もちろん、唐代《とうだい》中国の国際的文化交流を介してイスラム圏の美術

▼不二一元　サンスクリット語のAdvaita。インド哲学において、個々の現象が異なっていても、それらはみな一つの普遍的原理と同一であるという考え方。天心はヴィヴェカーナンダからこの概念を学んだと思われる。

▼正倉院宝物　正倉院は東大寺《とうだいじ》の倉庫で、七五六(天平勝宝《てんぴょうしょうほう》八)年以降、東大寺盧舎那仏《るしゃなぶつ》に光明《こうみょう》皇太后が献納した聖武天皇の遺品や遣唐使《けんとうし》のもちかえった品々をおさめていた。一八七五(明治八)年、東大寺から政府の管理下に移された。カットグラス「白瑠璃碗《はくるりのわん》」はペルシア製と推定される。背面に七宝で塗飾した鏡「黄金瑠璃鈿背《おうごんるりでんはいの》十二稜鏡《じゅうにりょうきょう》」は、文様の様式は唐代のものとされるが、製作地は定かでない。

白瑠璃碗(正倉院宝物)

が正倉院に伝わったことは今日知られている。だが天心の論理に即してみると、日本美術によってアジアの文化的一体性が体現されるとしても、そこにイスラム文明圏はわずかな場所を占めるにすぎないのだった。

このように論理的飛躍をおかしながらも天心がイスラムをアジアの文化的一体性のうちに含めたのは、ヨーロッパのオリエンタリズムによって規定された対象としてのアジアを主体としてとらえ返すために、イスラムが不可欠の要素だったからだろう。ヨーロッパに対抗するアジアの〝あるべき〟一体性を根拠づけるために、なんらかの価値の共有を措定しようとしたのである。

日露戦争と岡倉天心

アジアの一体性を論ずる天心は、現実の日本と近隣諸国との関係をどのように意味づけただろうか。天心は *The Ideals of the East* で、日本には「新しいアジアの強国」として、「古いアジア的統一の眠れる生命」をよみがえらせる使命があると述べた。明治維新《いしん》以後、「現代ヨーロッパ文明」から「必要な要素を選びとり」ながら、なおかつ「自分自身に忠実であり続け」ている日本は、他のアジア諸国に「自意識の更新」という道を、身をもって示しているというのであった。それを体現しているのが、天心が育成する近代日本美術だった。

天心はこの使命を、あくまで日本美術院を中心とした近代日本美術の確立という自身の仕事の意義付けとして語っている。しかし「新しいアジアの強国」としての日本がどのようにアジアを覚醒させうるのか考えるなら、現に進行していた日本と近隣諸国との衝突に対する説明は不可避だったといえよう。次にみるように、その説明は必ずしも充分なものではなかった(色川一九七四)。

日露《にちろ》戦争の起こった一九〇四(明治三十七)年、ボストン美術館の招聘により、開戦とほぼ時を同じくしてアメリカに渡った天心は、現地で *The Awakening of Japan*(『日本の目覚め』)を出版した。内容の本体は明治維新論だが、アメリカの読者に対し、日露戦争における日本の立場を弁護するのが趣旨だった。天心は「ヨーロッパの栄光はアジアの屈辱」という、以前の英文草稿と同様の議論を展開しながら、西洋の日本に対する「黄禍《こうか》(yellow peril)」という評価に反論し、そもそもヨーロッパ諸国のアジア到来こそは「白禍(white disaster)」であったと批判した。天心は、西洋・東洋、ヨーロッパ・アジア、白色・黄色という二項対立を逆転させることで欧米諸国からの抑圧に抗する論理を展開し、日露戦争は「好戦的企図と膨張的野心」によるものではないと主張したのである。

しかし朝鮮・満州からのロシアの排除を正当化する天心の論理は、なんら独自のものではなかった。「朝鮮半島をどこかの敵国が占領すれば、日本へ陸軍を容易に投じうる。というのも朝鮮は短刀のように日本のまさに心臓部をさしているからだ」、つまり日本は安全保障のために朝鮮から他国の影響力を排除する必要があるという主張は、明治ナショナリズムの最大公約数的見解といえる。加えて、天心は戦争をあくまで「(朝鮮)半島の独立のため」と弁明しながら、他方で「朝鮮半島は元来、有史以前を通じ日本に植民地化されていたと考えられる」と、おそらく「任那《みまな》」伝説(加耶《かや》諸国▲)を念頭に、日本による属国化について歴史的正当性を示唆さえした。もちろん天心は、日露戦争の結果として日本が朝鮮を領有した場合に欧米から批判をあびることを懸念して、このような弁明や正当化を行ったのだろう。しかしそれは、あくまで欧米向けの論理であり、少なくとも朝鮮の人びとに通用する議論ではなかった。

また岡本佳子が指摘するように、天心は日本・中国・インドが「東方文明

▼**加耶諸国**　古代の朝鮮半島南部にあった国々。その一部(金官《きんかん》国《こく》など)は四世紀後半から日本列島の倭国《わこく》と同盟関係にあったが、六世紀半ばに百済・新羅《しらぎ》の勢力拡大と抗争のなかで滅亡した。これについて『日本書紀』は、「任那国」が倭国に朝貢した、また倭国の直轄領「任那四県」を百済に割譲したなど、日本の支配下にあったとの立場から記している(田中二〇〇九)。

(Eastern civilization)の平和的で自足的な性格」を共有していると主張する一方で、モンゴルやイスラム教については異質性を強調した(岡本二〇〇六)。トルコやペルシアの現状は「アジアの屈辱」という同一の政治的境遇に含められていたが、アメリカ人に向けて日本を「黄禍」から差異化し非好戦性を主張するために、アジアの文化的一体性の範囲は操作的に狭められたのである。

日本における岡倉天心――晩年と没後

インド旅行以後、岡倉天心はヨーロッパに対するアジアの復権と一体化を訴え、日本美術史論を通じてその文化的・精神的価値による根拠付けを試みた。ただし、天心はこうした主張を日本の人びとに向けて語ったわけではない。最後の著書 *The Book of Tea*(『茶の本』一九〇六年)を含めて、天心の著書はすべて英語で著わされ、しかも生前には一度も日本語訳されなかった。晩年の天心によれば、*The Ideals of the East* は何度も翻訳の申入れがあったが、すべて謝絶したという(一九一三年五月十七日付、小池素康《こいけもとやす》宛書簡)。

天心は日本の人びとに対して「アジアは一つ」といった主張を説くことなく、

あくまで美術研究・育成者として振る舞い続けた(木下二〇〇五)。残された講演録や講義録をみれば、「日本は印度・支那等の文化を消化した国柄である。東洋全体の美術に渉って、之を世界に推薦する必要がある」(「美術上の急務」一九〇八年)、「西洋人には西洋人の偏見あり。すべてのものを欧州本位すなわちギリシア本位に見んとす」(「泰東巧藝史《たいとうこうげいし》」一九一〇年)といった言葉に、たしかに著書と同様の認識をみてとれる。しかし「西洋」「東洋」という地域概念で美術を説明する態度を天心は示さず、むしろ「今日東洋、西洋と分ってゐるが、昔から東西洋接触したことは一回二回の事でない。中々多い。極太古《ごくたいこ》を言へば、亜細亜は欧羅巴と地続きと思へば分る」と、アジア・ヨーロッパの交流の歴史に注意を促した(「美術上の所感」一九〇七年)。「西洋を知り、また東洋を知るの達識を要す」(「泰東巧藝史」)と述べるように、天心が訴えたのは、「西洋」「東洋」を問わず、日本での美術全般に対する理解の不足、教育・振興の必要だった。

またこの時期に天心は、美術史研究上の観点から地域概念に関する考察を試みている。一九一〇(明治四十三)年に東京帝国大学文科大学で行った講義「泰東巧藝史」で、天心は「東洋という字は Orient の訳」で、「Europe よりみて」の言葉だとして、かわりに「東亜もしくは泰東」を用いると述べた。その具体的な範囲設定は、「日本、支那、朝鮮を主と」し、「関連してインド、アッシリア、バビロニア、ペルシア等におよぼ」す、つまり中華文明圏を基本的範囲として設定し、付随してインド文明圏・イスラム文明圏との影響関係を扱うものであった。「Greece（ギリシア）などはOrientに含まるるも今は略」すとの言葉もあり、厳密な意味はとらえにくいが、いずれにしても天心は「東洋（Orient）」をヨーロッパからの範囲設定だとして、日本と近隣地域との美術上の影響関係を考察するうえでは不適当とみなしたのである。ヨーロッパから規定されたアジア・東方の政治的共通性をいかに文化的・精神的に根拠づけるか腐心した天心が、みずからの専門である美術史に限ってではあるが、Orientという地域概念自体の有効性を相対化するにいたったことは注目すべきだろう。

ボストン美術館中国・日本部から美術品の整理・収集を任じられた天心は、日米間を往復し、ヨーロッパや中国にも繰り返し訪れる多忙な晩年を送った。そして一九一二（大正元）年にふたたび訪れたインドで、ある女性詩人と出会い、帰国後に情感あふれる文通を交わしながら、一三（同二）年に没した。

岡倉天心の著作が日本の人びとに広く知られるようになったのは、没後のことである（木下二〇〇五）。『東方の理想』がはじめて日本語で紹介されたのは一九一九（大正八）年だが、雑誌（『現代之美術』）に一部が掲載されただけだった。一九二二（大正十一）年には、同書と『日本の覚醒』『茶の本』という主要著作が抄訳で刊行された（非売品）。後述するように、第一次世界大戦後のこの時期、「亜細亜主義」という言葉ははじめて日本で広まった。しかし順序からみて、天心がそれをもたらしたわけではない。天心の英文著作が全訳され一般に読まれうる書籍として紹介された（『岡倉天心全集』聖文閣版）のは、日本が中国大陸で軍事行動を拡大し欧米列国からも孤立を深めつつあった一九三五（昭和十）年だった。

日中《にっちゅう》戦争開戦の翌年（一九三八〈昭和十三〉年）、インドで記された英文草稿が遺族によって発見された。草稿は同年七月、『理想の再建』と題して刊行され、人びとの目にふれた。同年十一月、第一次近衛《このえ》文麿《ふみまろ》内閣は東亜新秩序宣言▲を行った。ヨーロッパに抗するアジアへの天心の呼びかけがはじめて広く知られたとき、日本は現に侵略している中国に対し、そのナショナリズムを押さえ込むべく、アジアの名のもとに運命協同体としての「協力」を呼びかけたのである。

▼**東亜新秩序宣言**　一九三八（昭和十三）年十一月、第一次近衛内閣は日本・満州国・中国の政治・経済・文化的提携による「東亜における国際正義の確立」を中国に呼びかける声明を発表した。これは同年一月の「国民政府を対《あい》手《て》とせず」声明を事実上修正し、国民党《こくみんとう》政権が対日抵抗・親共産主義政策をとりやめることを条件に協調を求める一方、東アジアにおける欧米勢力排除の意思を表示したものであった。

③——大川周明——「復興亜細亜」と宗教学

宗教学と『新インド』

一九一三(大正二)年の夏、ある日の夕方に東京神田《かんだ》の古書店街を散歩していた大川周明は、ふと「店頭に曝《さら》さ」れていた一冊の英書に目をとめた。『新インド』と題する本だった。「かりそめに求めた此の一冊の本のために、私(大川)は全く予期しなかった方向に生涯の歩みを進めることになった」(『安楽の門』一九五一年〔全集〕)。時はあたかも、岡倉天心が生涯を終えようとしているころだった。

大川周明は今日、大きく分けて三つの側面で知られる。第一に、北一輝《きたいっき》との交流や軍部クーデタ計画への関与という「革新」派・「超国家主義」者としての側面。第二に、インド独立運動への支援などアジア主義者の側面。そして第三に、極東国際軍事裁判(東京裁判)で「平和に対する罪」に問われた、いわゆるA級戦犯容疑者の側面である。三つの側面はそれぞれ連関しているが、本書ではとくに第二、第三の側面に注目する。東京裁判の評価をめぐる議論は別として、大

▼『新インド』　Henry Cotton, *New India or India in Transition.* 初版は一八八五年だが、大川が読んだのは一九〇七年刊の増補改訂版(大塚一九九五)。

▼**極東国際軍事裁判**　第二次世界大戦に勝利した連合国一一カ国が判事・検事を派遣し、日本の戦争指導者二八人を「平和に対する罪」によって起訴した裁判。公判は一九四六(昭和二十一)年五月から四八(同二十三)年四月に行われ、同年十一月に判決がでた。判決時の被告二五人中、七人が死刑、一六名が終身禁固刑、一人が禁錮二〇年、一人が禁固七年に処せられた。

大学時代の大川周明

川の主張した「復興亜細亜《アジア》」の論理は結果として、日本の中国侵略やアメリカやイギリスとの対決を意味づける役割を果たしたからである。

ただし、大川周明のアジア論を読み解くためにはもう一つの側面、すなわち彼が元来は宗教学者として出発したことも踏まえる必要がある。アジアの一体性についてかなりの部分で岡倉天心の所説を踏襲した大川は、他方で、イスラム文明圏についてアジアという地域概念との関係付けを天心よりも本格的に試みた。その動機付けとして、大川の宗教研究は重要な意味をもっていた。

大川周明は一八八六（明治十九）年、山形県の古くから続く医師の家に生まれた。庄内《しょうない》中学校に進んだ大川に、父周賢《しゅうけん》は家業として医師を嗣がせるつもりだった。しかし大川は従わず、熊本の第五高等学校（文科）をへて一九〇八（明治四十一）年、東京帝国大学文科大学に入学し、哲学科（宗教学専攻）に進んだ。

大川が宗教学を専門に選んだ一因は、中学校時代に鶴岡天主公教会《つるおかてんしゅこうきょうかい》の神父からフランス語を学んだのをきっかけに、入信こそしなかったがキリスト教に強い興味をもったことである。それは宗教・哲学全般への関心につながった。

宗教学科での大川はキリスト教に限らず宗教・哲学全般を学び、卒業論文ではインド哲学について執筆した。この間、イスラム教についての紹介文も執筆している（「神秘的マホメット教」一九一〇年〈文書〉）。一九一一（明治四十四）年に卒業してからも、大川は大学の図書館にかよい宗教研究を続けた。ただし、「真理は横文字の中にだけ潜んで居るものと思ひ込」んでいたと晩年に回顧しているように、大川にとっての宗教研究とはまず欧米の文献を読むことだった。単に欧米の思想への「崇敬」というだけでなく、大川はインド哲学やイスラム教についても欧米の文献を経由して学んだ。曹洞宗《そうとうしゅう》の家に生まれたため仏教は「古《ふる》馴染《なじみ》」だったが、大学で高楠《たかくす》順《じゅん》次郎《じろう》▲から学んだインド哲学は「全く新しいものに思」われたという大川が、当時読んだ文献としてあげているのはみな英語やドイツ語のインド哲学研究である（『安楽の門』）。

しかし「真実の宗教」を求めていた大川自身は、大学での研究だけに満足しなかった。大塚健洋によれば、とくに一九一〇（明治四十三）年に松村介石《まつむらかいせき》の日本教会にはいったことは大川に大きな影響をあたえた。日本教会は当初キリスト教の一派だったが、一九一二（大正元）年に道会《どうかい》と改称し、「一教一派」によらず「古今」「万国」に共通の「宗教倫理の根本義」を説くようになった。大川はこの会

▼**高楠順次郎**　一八六六〜一九四五年。仏教学者。西本願寺《にしほんがんじ》立普通教校（龍谷《りゅうこく》大学）卒業後、ヨーロッパに留学。帰国後の一八九九（明治三十二）年に東京帝国大学文科大学教授に着任し、梵語学《ぼんごがく》講座を担当。一九〇六（明治三十九）年から「印度哲学宗教史」を開講した。

の活動で、自身の宗教研究の成果を紹介する一方で、宗教を信ずるのに既成宗教の信者になる必要はないと考えるようになり、さらに「日本精神」のなかにこそ「神聖なるもの」があるとの回帰にいたった（大塚一九九五）。

また同じく大塚健洋によれば、このころ大川は岡倉天心からも影響を受けた。大学在学中の一九一〇年、大川は岡倉天心の講義「泰東巧藝史《たいとうこうげいし》」を聴講して感銘を受けた（『日本精神研究』一九二七年（全集））。また一九一三年、*The Ideals of the East* を参考にした小池素康《こいけもとやす》「日本芸術史」の執筆に大川は協力した。そして同年、大川は「亜細亜の一如」「複雑の中に存する統一」など、明らかに天心からの引写しを含む論説（「日本文明の意義及び価値」一九一三年（文書））を発表したのである（大塚一九九〇・一九九五）。

冒頭に述べた大川の『新インド』との出会いは、この一九一三年の夏のことであった。大学であらたに学んだインド哲学に魅了された大川は、「一身を印度《インド》哲学の研究に献げ、古の婆羅門《バラモン》のような生涯を送りたいと思いつめたことさへあった」が、その深い興味は、「現在の印度ならびに印度人をも知りたいという念《おも》ひを、いつとはなく私の心に萌《きざ》し初《そ》めさせた」（『安楽の門』）。

▼ヘンリー＝コットン(Henry John Stedman Cotton)　一八四五～一九一五年。一八九六年から一九〇二年までアッサムの主任弁務官。インドの自治に助力し、一九〇四年、インド国民会議で議長をつとめる。インド総督カーゾン(Curzon)卿によるチベット侵攻とベンガル分割に反対。一九〇六年から一〇年までイギリス本国議会の代議士。

『新インド』の著者、イギリス人ヘンリー＝コットン▲は、長きにわたってインドの植民地《しょくみんち》官僚をつとめた経験から、イギリス人の読者に向けて、「インドという一つの国民(an Indian Nation)の成長」、そしてそれにともなう植民地統治の困難と改善の必要を知らしめようとした。長崎暢子はコットンに、「インド人政治家の〝穏健派〟と呼応」した「イギリスの〝現実的〟であり〝進歩的〟である政治家の姿」をみてとっている(長崎一九七八)。イギリスのインド支配自体を否定するのではなく、むしろインド・ナショナリズムの暴発によってイギリスの支配が破綻しないよう警告するのがコットンの意図だった。

しかしインドを「婆羅門鍛練の道場、仏陀《ブッダ》降誕の聖地としてのみ」と思っていた大川には、はじめて「英国治下の印度の悲惨」を知ったことこそが衝撃だった。「現実の印度に開眼して、わが脳裡の印度と、余りに天地懸隔せるに驚き、悲しみ、而して憤った」大川は、さらに「図書館の書庫を渉って、印度に関する著書を貪り読」み、やがて「単《ひと》り印度のみならず、茫々たる亜細亜大陸、処として白人の蹂躙に委せざるなく、民として彼らの奴隷たらざるなきを知了した」。

かくして、インド哲学への関心や岡倉天心の影響は、イギリスによるインド支配という「現実」への開眼と結合して、大川周明はヨーロッパ植民史と植民政策学の研究へと転換した（『復興亜細亜の諸問題』一九二二年〈全集〉）。

つまり宗教研究を通じたインドへの関心から、大川はヨーロッパまたは「白人」の支配というアジアの共通性をみいだした。ただし他方で、直前に大川は岡倉天心からアジアの文化的ないし精神的一体性という主張を学んだわけだが、両者はまだ明確に関係づけられてはいなかった。

また改めて注意したいのは、大川はインド哲学やイスラム教についてと同様に、イギリスのインド支配をはじめとするアジアの「現実」について、あくまでヨーロッパ側の文献を通じて学んでいったことである。日本の知識人がヨーロッパの文献を経由してアジアと出会うという事態は、岡倉天心の指摘そのままであった。さらにいえば、日本語読者に向けられていなかった天心の著書に大川が接しえたのも、もちろん英語を通じてだった。

天心と異なり、大多数の日本の知識人と同様、大川周明にはインドの現地を知る機会もなかった。しかし大川は天心とは異なる形で、現実のインドにふれることとなった。日本に渡航してきたインド人革命家たちとの出会いである。

インド人革命家との出会い

大川は東京帝大の図書館にかよい、英語文献を通じてインド政治の研究にいそしむ一方で、東京に滞在していたインド人革命家との接触をみずからはかり、より直接的な情報収集を試みていた（長崎一九七八、大塚一九九〇）。そして一九一五（大正四）年の秋、大学構内で大川に「貴下は日本人ですか」と英語でたずねてきたというインド人革命家ヘーランバ＝ラール＝グプタとの出会いは、大きな転機となった（『安楽の門』）。グプタはドイツのインド人革命家グループから派遣されて日本に到着したばかりであり、おそらく大川のインドへの関心を知っての接触だったと思われる。そしてグプタを介して、インドから亡命してきたもう一人の革命家、ラーシュ＝ビハーリ＝ボース▲とも大川は相知った。

彼らインド人革命家は大川にとってまたとない、インドに関する生の情報源となった。一九一六（大正五）年、大川はインドの反英ナショナリズムについての報告書『印度に於ける国民的運動の現状及び其の由来』を刊行するが、イギリス側の文献に加え、グプタやボースからの直接の聞きとりは執筆の重要な材料となった。また大川は、一九一五年に来日したインド国民会議派指導者、ラー

▼**ラーシュ＝ビハーリ＝ボース**（Rash Bihari Bose）一八八六～一九四五年。インドで独立運動の急進派として活動し、一九一二年に総督ハーディングへの爆弾投擲（未遂）を首謀したのち、一五年にラホール兵営でのインド人兵士による蜂起に失敗し、日本に亡命。一九一八（大正七）年に相馬俊子と結婚し、二三（同十二）年に日本に帰化。一九四五（昭和二十）年一月に没するまで、インドの反英独立闘争に日本が協力するよう働きかけ続けた（長崎一九八三、中島二〇〇五）。

インド人革命家R. B. ボース（前列中央）を中心に　後列左から一人目が大川周明。前列右は犬養毅。宮崎滔天《みやざきとうてん》（後列左から二人目）や玄洋社・黒龍会《こくりゅうかい》の内田良平《うちだりょうへい》（後列右から二人目），国際法学者の寺尾亨《てらおとおる》（前列左）など，中国の革命運動にも深くかかわった人びとがみられる（中島2005）。

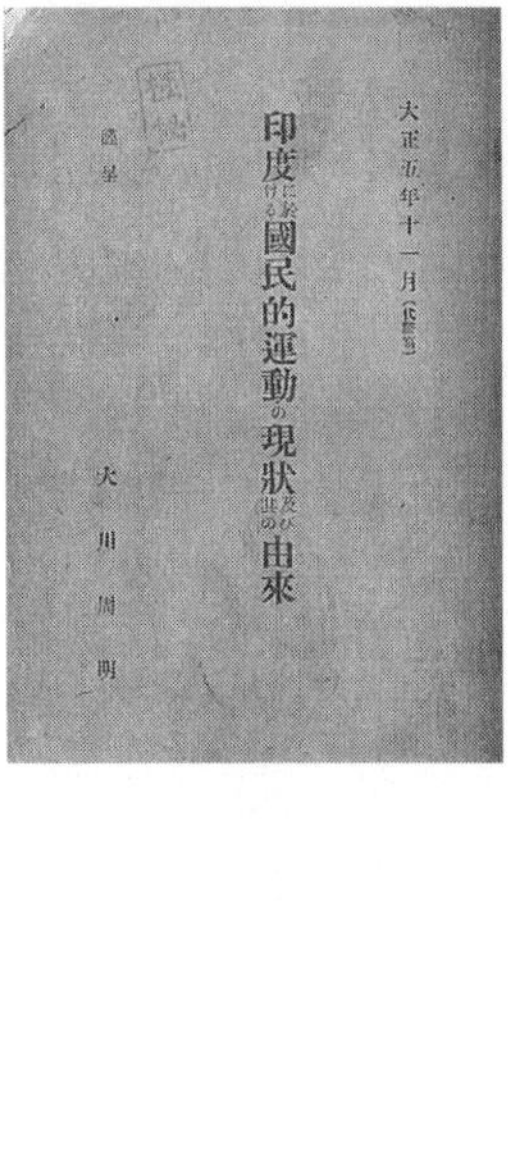

『印度に於ける国民的運動の現状及び其の由来』（一九一六〈大正五〉年刊）

『復興亜細亜の諸問題』（一九二二〈大正十一〉年刊）

ラー＝ラージパット＝ラーイにグプタやボースを介して出会い、彼が滞日中に著わした英文パンフレットも同書で引用している(長崎一九八三、中島二〇〇五)。

そして大川は彼らとの接触をきっかけに、実際の政治運動に関与していった。すでに第一次世界大戦が始まっていたが、イギリスは日本に対し、インド人革命家たちはイギリスの交戦国ドイツと内通しているとの理由で、日英同盟▲を根拠にグプタとボースの引渡しを求めた。日本政府は、亡命してきた政治犯は引渡しに応じないのが主権国家として適切ではないかとの考えもあって苦慮したが(外務省政務局一九一五)、結果として国外退去(実質上の引渡し)を命令した。このとき大川周明らとともに画策してグプタとボースをかくまったのが、頭山《とうやま》満《みつる》を筆頭とする玄洋社《げんようしゃ》のグループだった(中島二〇〇五)。

自由民権運動を出発点とする玄洋社は、朝鮮・中国など近隣諸国の政治状況に日本が積極的に関与することを求めて、日本政府の外交姿勢を軟弱と批判し、民間ルートから外交を左右することを生命とした。それは政府を批判しながら日本の膨張を推進する「対外硬」的なナショナリズム、そして近隣諸国への連帯が容易に侵略に転化するアジア主義の双方を、もっとも先鋭に体現した政治集

▼日英同盟　日本とイギリスの同盟協約。一九〇二(明治三十五)年、「極東」で日英の一方が開戦した場合、他方は中立を守り、さらに第三国が参戦した場合は参戦して同盟国を援助することを約した。一九〇五(明治三十八)年の改定で、同盟国の一方がみずからの挑発によらず交戦した場合、他方がただちに援助・参戦する攻守同盟に強化され、適用範囲にインドを加えた。一九二一(大正十)年の四ヵ国条約締結とともに廃棄された。

団だった(竹内一九六三、升味一九六七、石瀧一九九七)。彼らは一方では、日本による朝鮮改革を追求して日韓併合《にっかんへいごう》の先鞭をつけた。また他方では、孫文《そんぶん》たち中国の革命指導者を支援しながら、実のところ日本の満州《まんしゅう》権益拡大に一役買っていたのである。インド人革命家への庇護も、日本政府の対英協調への反発という意味でその延長上にあった。大川はこのグループと意気投合して、ヨーロッパによるアジアの植民地支配に対する憤りを実践に移していった。

アジアの反帝国主義と日本――日露戦争と第一次世界大戦

「復興亜細亜の戦士」と自称した大川の活動において、状況認識として重要な意味をもっていたのは日露《にちろ》戦争と第一次世界大戦とであった。

まず、日露戦争における日本の勝利は、「四百年来勝利の歩みを続けて未だ曽《かつ》て敗衄《はいじく》の恥辱《ちじょく》を異人種より受けざりし白人種の侵略主義」に対する「最初の而《しこう》して手酷き大打撃」であり、「白人の圧迫の下に在る亜細亜諸国に希望と勇気とを鼓吹《こすい》」した。これにより、インドの人びとは「従来彼等が念頭に置かざりし日本帝国」を初めて視野におさめたと大川は指摘した。日本の勝利は「東洋諸国民の覚醒を促す警鐘」となって、「土耳古《トルコ》の革命」、「波斯《ペルシア》の革命」、「印度及び埃及《エジプト》に於ける国民運動」を呼んだと評価したのである（『印度に於ける国民的運動の現状及び其の由来』）。

このような日露戦争の評価には、一面で世界的な同時代性を認めうる。大川が「現実」のインドに開眼する契機となったコットン『新インド』は、一九〇七年増補版であらたに加えられた文章において、インドのナショナリズム成長の背景として、エジプトやペルシア・南アフリカ・マケドニア・中国などのナショナリズムに加えて、日本が「愛国的精神の力」について「東方（the East）に模範を示した」と特筆していた。実際にグプタやボース、ラーイ、あるいは詩人タゴールといったインドのナショナリストたちが日本を訪れた事実は、コットンの指摘を裏づけている。またイスラム圏の人びとも日露戦後には、文学作品に「東方」の「太陽」として日本が登場したり、汎イスラム主義者たちが来日するなど、日本に強い関心をよせるようになった（杉田一九九五）。辛亥《しんがい》革命の指導者孫文▲は一九二四（大正十三）年の神戸《こうべ》での講演で、スエズ運河を通過した際にアラブ人から「日本人か」と問われた経験から、日露戦争の勝利による日本への関

▼**孫文**　一八六六〜一九二五年。広東《カントン》省香山《こうざん》県生まれ。ハワイの教会学校で学び、香港で医学をおさめた。一八九四年にハワイで革命秘密結社興中会《こうちゅうかい》を組織。一九〇五年に東京で中国革命会を結成、総理となり「三民《さんみん》主義」を発表。一九一一年に辛亥革命が起こると臨時大総統に選ばれたが、まもなく袁世凱《えんせいがい》に譲った。独裁を強める袁世凱に対し一九一三年、第二革命を起こしたが、失敗し日本に亡命。一九一七年、広東軍政府を樹立し、北京《ペキン》政府と対決した。

「大亜細亜問題」を講演中の孫文（一九二四〈大正十三〉年十一月二十八日、神戸高等女学校）

心の広がりを語っている（陳・安井編一九八九）。

以上のように日露戦争で勝利し「東洋」「亜細亜」に希望をあたえた日本は「亜細亜の指導、その連合」という使命を担わねばならないと大川は述べ、実際に一九一七（大正六）年には「全亜細亜会」を結成し、出版活動や郵便の取次ぎなどを通じてインド人革命家たちの反英運動を支援しはじめた。そして第一次世界大戦終結後の一九二二（大正十一）年、大川はアジア各地でのヨーロッパ列強に対する抵抗の現状について紹介した『復興亜細亜の諸問題』を著わした。

大川は大戦中、「印度の一志士」からの話として、「英国に忠勤を励んで欧大陸の戦場に出征せる二十万の印度兵」が「英国軍隊」の「衛生隊」の看護も受けられず、重傷をおっても病院に収容されないという「虐待」について述べ、「欧州大乱」は「西欧民族」の「利己と排他の面目」を示すと批判していた（「君国の使命」一九一六年一月〔文書〕）。大川によれば、第一次世界大戦は「等しく資本的帝国主義」のイギリスとドイツとの覇権争奪戦にすぎなかったが、イギリスとフランスは「亜細亜、阿弗利加《アフリカ》の諸領土」から兵士を動員し、それを「世界戦は実に彼等（植民地住民）自身のための戦」、「全世界の正義と自由を確立するため」と正当化した。したがって戦後に「英仏の所謂《いわゆる》『正義』と『自由』と」を具現化した国際連盟▲も、結局「連盟各国の領土保全及び現在の政治的独立」(連盟規約第十条)を守るだけの、「欧米の利益を呼ぶに国際的正義の名を以て」する「現状維持」の枠組みにすぎないと論じた。

近衛文麿《このえふみまろ》▲の「英米本位の平和主義」(一九一八年)に代表されるように、第一次世界大戦後に追求された国際協調を戦勝国による現状維持と批判する議論は、日本国内で広くみられた。しかし戦勝国による植民地や資源の独占ではなく、植民地支配自体に批判の焦点をあてたのが、大川の特徴だった。

そして大川によれば、第一次世界大戦は反面で「復興亜細亜」の覚醒をもたらした。「英仏の標榜し宣伝したる看板と文句と」は、実際にはダブル・スタンダードだったとしても、普遍的価値を装った結果、「隷属民族の魂に、真個の自由と正義とに対する、抑え難き要求を鼓吹し」、「欧羅巴《ヨーロッパ》世界制覇に挑戦する気勢が全有色人の間に漲《みなぎ》るに至った」。その中心こそが「復興亜細亜」だった。日露戦争によって生まれた「『吾等も亦《また》』ちょう《(という)》希望」が、第一次世界大戦に協力し裏切られた「隷属民族」の怒りによって、「亜細亜全土に亘《わた》」る「白人支配に対す

▼国際連盟　米ウィルソン大統領の一四カ条原則に基づき、第一次世界大戦のパリ講和会議で協議され、一九二〇年に成立した、平和維持をおもな目的とする国際機構。当初四五カ国が加盟したが、提唱したアメリカは、議会の賛成をえられず加盟しなかった。

▼近衛文麿　一八九一～一九四五年。五摂家《せっけ》の筆頭近衛家の嫡子(父は近衛篤麿《あつまろ》)。「既成政党の刷新」と国際秩序の「現状打破」を唱えて衆望を集め、一九三七(昭和十二)年から四一(同十六)年のあいだに三度内閣を組織した。任期中に日中戦争が起こり、また三国同盟締結や北部・南部仏印進駐により日米開戦への道を開いた。一九四五(昭和二十)年十二月、A級戦犯容疑者に指名され、出頭を前に服毒自殺。

る抵抗」として具体化したのである。これにより、「国際政局に於ける所謂亜細亜問題」の意味は一変した。「亜細亜問題」は元来、「欧羅巴列強が如何《いか》に亜細亜を其利己の俎《まないた》に載せ、如何に之を料理し、如何に之を分取するか」、つまりヨーロッパ＝主体／アジア＝対象という枠組みを意味したが、「欧羅巴の支配に対する亜細亜復興の努力」、つまり主体としてのアジアの回復へと大きく変わりはじめた、と大川は論じたのである。

「復興亜細亜」と日本の帝国主義

以上にみたように第一次世界大戦の戦中から戦後にかけて、大川周明はインド・ナショナリズムとの出会いを契機として、ヨーロッパの世界支配に抗する「復興亜細亜」という理念を提示し、その指導者としての日本の使命を訴えた。大川に限らず、この時期には日本の言論界で「亜細亜主義」やそれに類する言葉（「全亜細亜主義」「汎亜細亜主義」「亜細亜モンロー主義」など）が広く流通するようになった。こうした議論の前提になっていた状況認識は、一つには日露戦争前後の「黄禍論《こうか》」以来の、人種的対立への危機感だった（岡一九六一）。とくにアメリ

近衛文麿

カやオーストラリアへの日本人移民が権利や入国について制限を受けはじめたことは、人種差別という観念を普及させた。移民の制限を重くみた日本政府は、パリ講和会議▲に際して、国際連盟の規約に人種差別撤廃の条項を盛り込むよう提案した。日本国内では諸新聞をはじめとしてこの提案が強く支持され(岡一九五九)、実現を求める期成大会が開かれたが、大川もこの大会に「全亜細亜会」代表として参加し、実行委員に指名されていた(大塚一九九〇)。

しかし、ヨーロッパに対抗して日本と他のアジア諸国が提携するという論理は、日露戦争後の朝鮮併合・満州利権獲得と、第一次世界大戦中の中国に対する二十一カ条要求▲によって、近隣地域からはすでに受け入れえないものとなっていた。五・四運動の指導者李大釗《りたいしょう》▲が一九一九年の時点で、「大亜細亜主義」は「大日本主義」の別名にほかならないと指摘したように(米谷二〇〇六)、当時日本で流行した「亜細亜主義」は全体として日本自体の近隣に対する帝国主義的膨張には無批判であり、大川も例外ではなかった。そもそも、「亜細亜諸国に希望と勇気とを鼓吹」したという日露戦争は、大川にとって別の意味ももっていた。一九一八(大正七)年、大川は植民政策研究を認められ、南満州鉄道株《みなみまんしゅうてつどう》

▼パリ講和会議　パリ・ヴェルサイユで開かれた第一次世界大戦の講和会議。戦勝国二七カ国が参加し、アメリカ・イギリス・フランス・イタリア・日本が中心となって講和条約が作成された。敗戦国やロシア革命政府は参加を許されなかった。日本からは西園寺公望《さいおんじきんもち》、牧野伸顕《まきののぶあき》らが全権として参加した。

▼二十一カ条要求　第一次世界大戦中の一九一五年、加藤高明《かとうたかあき》外相が中国(袁世凱政権)に提示した一連の要求。(1)山東省ドイツ権益の譲渡、(2)南満州・東部内蒙古《うちもうこ》権益の独占・期限延長、(3)漢冶萍《かんやひょう》公司《コンス》(製鉄会社)の日中合弁化、(4)福建省の諸外国への不割譲、(5)その他希望条項(日本人顧問の傭聘、警察の合同、日本からの優先的兵器供給など)。中国が抵抗すると、日本は(5)のほとんどを取り下げて最後通牒を通達し、要求を受諾させた。

式会社(満鉄)調査部の東亜《とうあ》経済調査局▲に採用された(大塚一九九〇)。インドの「現実」への目覚めとともに大川が始めたヨーロッパ植民史・植民政策学研究が直接の成果をあげたのは、日本の植民政策に貢献する目的においてであり、その前提条件は日本が日露戦争で獲得した中国利権だったのである。

大川が地域概念としてのアジアを「西は埃及」から「東は支那《シナ》」までの「復興亜細亜」として、ヨーロッパ支配への抵抗という政治的境遇の共通性でとらえたことは、たしかに視野の格段な広がりをもたらした。大川のインド事情に関する報告は、当時の日本語文献としては画期的な情報量を誇っていた(長崎一九七八)が、さらに『復興亜細亜の諸問題』で大部分を占めたのが、イスラム諸国の現状紹介である。「欧羅巴の臣隷《しんれい》」から脱しようとする「復興亜細亜」をとらえるにあたって、イスラム諸国はインドと共通の政治的境遇に位置づけられ、大川は「回教連盟」実現の可能性について、「復興亜細亜の前衛」として期待を示した。しかし、大川のいう「復興亜細亜」の範囲からは、中国と日本との関係が除外されていた。「復興亜細亜」の範囲について「西は埃及」から「東は支那」までとしながら、中国については、チベット問題においてイギリスとの対立が大きく扱わ

▼**李大釗**　一八八八〜一九二七年。河北《かほく》省楽亭《らくてい》県生まれ。早稲田大学留学中の一九一五年、二十一カ条要求への反対運動を起こす。陳独秀《ちんどくしゅう》の雑誌『新青年』に参加し、五・四運動を指導。吉野作造や日本の社会主義者たちとも交流をもった。一九一七年、北京大学教授。マルクス主義を積極的に受容・紹介し、中国共産党創設者の一人となる。張作霖《ちょうさくりん》軍により処刑された。

▼**東亜経済調査局**　後藤新平《ごとうしんぺい》の科学的研究調査機関の構想に基づき、一九〇八(明治四十一)年創立。外国語図書・資料の収集に重点。一九二九(昭和四)年、大川周明を理事長とする財団法人として満鉄から独立。一九四〇(昭和十五)年、ふたたび満鉄調査部に吸収された(原一九八四)。

れた以外ほとんど言及がなかった(呉二〇〇七)。

第一次世界大戦が生んだ日中のあらたな争点についても、大川は語らなかった。一九一六〜二〇(大正五〜九)年に日本に滞在し、大川と親しく交流したフランスの哲学者ポール゠リシャールは、大川自身が訳した『第十一時』(一九二一年〔全集〕)で、国際連盟は「白人諸国の連盟」だと批判し、「亜細亜連盟」の実現を通じて「真個の国際連盟」である「全人類連盟」を組織せよと呼びかけていた。これは大川に大きな影響をあたえたと思われるが、リシャールが「自由を亜細亜に与《あた》えかつ之を統一」するためには中国との提携が大前提だとして、山東《さんとう》半島の返還を呼びかけたことには、大川は自著でなにも言及していない。

またすでに日本が併合していた朝鮮に関しても、大川はまったくふれなかった。ヨーロッパの支配下という共通項によって「復興亜細亜」の範囲が設定された一方で、その共通項にあてはまらない側面については除外されたのである。つまり「復興亜細亜」の理念は、あくまでヨーロッパへの抵抗であって、アジアの一員である日本の帝国主義支配には適用されなかった。というより、日本が「復興亜細亜」の指導者に擬せられた最初の契機が日露戦争における勝利だったことの反面、日露戦争の戦果である朝鮮支配と中国利権とについて大川は所与の前提とみなし、その延長上にのみ日本の使命を意味づけたのであった。

人種差別撤廃要求も、普遍主義・平等主義によって欧米列強の二重基準を批判するがゆえに、日本自体の二重基準を明るみにだすものだった。人種差別批判が、日本の中国人労働者への入国制限や台湾人・朝鮮人と本国人との差別待遇といった問題に波及しうることは、日本国内でも吉野作造《よしのさくぞう》▲や石橋湛山《いしばしたんざん》▲らによって指摘されていた（岡一九五九）。だが、大川の主張にこのような認識はみてとれない。人種差別撤廃要求が国際連盟に採択されず、さらに一九二四年にアメリカで日本人移民の入国禁止条項を含む移民制限法が成立すると、大川は次のように「アングロサキソン」による日本人への人種差別への自覚を人びとにうながした。すなわち、日本人がいかに「国際主義だ、人道主義だと言」って「洋装を凝ら」し「紙白粉《かみおしろい》で其面を撫でまわ」してみても、「足一歩アングロサキソンの土を踏めば、諸君も台湾の生蕃《せいばん》、阿弗利加のホッテントット、ボルネオのダイヤク人と一列一斉に、有色人と云ふ部類に入れられて」差別されるのだと（「日米問題」一九二四年六月〔文書〕）。大川は、「アングロサキソン」から「有色人」

▼**吉野作造**　一八七八〜一九三三年。宮城県生まれ、東京帝国大学卒業。中国で袁世凱の長男の家庭教師をつとめたのち、東京帝国大学で政治史講座を担当。立憲政治を「民本《みんぽん》主義」として発展させるべきことを説いた。また「国際的平等主義」の立場から中国や朝鮮・台湾のナショナリズムに理解を示し、日本の対中国政策や植民地統治政策の見なおしを主張した。

▼**石橋湛山**　一八八四〜一九七三年。東京専門学校卒業、『東洋経済新報』記者。自由主義の論陣で知られ、「大日本主義の幻想」（一九二一年）では植民地領有は日本にとって経済的に利益がなく、軍事的にも不要だと指摘し、日本は欧米列強にさきだって植民地を解放するほうが有利だと説いた。戦後、一九五五〜五七（昭和三十〜三十二）年に首相（自由民主党）をつとめた。

として差別されることへの怒りを、「有色人」内部における日本人自身の優越意識が否定されることと直結させていたのである。

要するに大川の「復興亜細亜」論は、帝国主義化した日本が、にもかかわらずヨーロッパのアジア侵略と二重基準とを指摘してアジアの連携を説くものであり、もう一つの二重基準をむしろ典型的に示していた。大川が支援したインド人革命家のR・B・ボースですら一九二六年、次のように日本のアジア主義が中国問題によって矛盾をきたしていると批判した(中島二〇〇五)。

我らの最も遺憾とする所は、声を大にして亜細亜の解放、有色人種の大同団結を説く日本の有識者階級にして、猶《なお》中国人を侮蔑し、支那を侵略すべしと叫び、甚だしきに至りては、有色人種は性来、白人に劣るの素質を有するが如くに解することこれである。

なお、大川における「復興亜細亜」と日本の帝国主義との関係を考えるうえでもう一つ注目しておきたいのが、イスラム諸国以外に居住するムスリム(イスラム教信者)についての記述である。大川は、「今の日本の領土内」にはムスリムがいないが、「日本が現に盛んに経済的発展を遂げつつある南洋諸島」、「日本と最も密接なる関係を有する支那」、そして「支那に次で将来日本と最も親密なる関係を結ばざる可からざる印度」には多数居住していると指摘し、研究の重要性を説いた(『復興亜細亜の諸問題』)。この記述の下地は、大川が東亜経済調査局に採用されたきっかけの一つと思われる論説「植民政策より観たる回教徒(其一)」(一九一七年十一月)である。「南洋諸島」すなわちイギリス領シンガポール・マレーやオランダ領ジャワのムスリムへの日本の経済進出はヨーロッパの宗主《そうしゅ》国《こく》に比べれば微々たる規模だが、確かに一九一〇年代から増加していた(矢野一九七五)。「今の日本の領土内」という言葉とあわせて考えるなら、ムスリムへの関心は当初から、日本自体の植民政策とも無関係ではなかったとみるべきだろう。しかしまた同時に、大川は宗教としてのイスラム教自体についても関心を持ち続けていた(「回教の根本儀礼に就て」一九一七年十月)。この時期、イスラム教は大川にとって、ヨーロッパに抗する「復興亜細亜」、日本自身の植民政策、元来の宗教学という三つの関心の結節点となっていたのである。

満蒙経営論・日米決戦論と復興亜細亜

　大川周明の「亜細亜主義」的外交論は一九二五(大正十四)年ごろを境にして、中国大陸と日米関係とを焦点とするものへと変化した。第一次世界大戦中から戦後にはヨーロッパのアジア支配に対する批判と「復興亜細亜」の呼びかけが、実際的には日本外交の対英協調に対する批判としてあらわれていたが、一九二五年の『亜細亜・欧羅巴・日本』(全集)で大川は、アジア対ヨーロッパの図式によって日米決戦論を主張したのである。

　大川はこの著書ではじめて、国際連盟に日本が戦勝国として加盟したこと自体を不当とした。「アングロ・サキソンの世界制覇」という「現在のままの国際状態」を持続することを目的とした国際連盟への加入によって、日本はアジア諸国から「黎明亜細亜の唯一の黒点」とみなされた、と激しく批判したのである。そして第一次世界大戦後の平和主義を「現状維持」の論理だとする批判は、「現状打破」のためには戦争もやむなしとの主張に転換した。ヨーロッパがアジアを「正当な所有者に返却」しないかぎり、「東洋」対「西洋」、アジア対ヨーロッパの戦争は将来的に不可避だとし、しかも「来《きた》るべき東西戦」は「連合亜細亜」対

「連合欧羅巴」ではなく「東西の最強国の衝突」だとして、一九二五年の時点で、日本とアメリカとがやがて戦う「運命」にあると説いた。

第一次世界大戦直後の大川は、ウィルソン外交▲について普遍主義の装いのもとにアメリカの国益を追求するものだと批判しながらも、「軽々に日米戦争を唱」えることは戒めていた（「媾和会議に於けるウィルソンの失敗」一九一九年〈文書〉）。にもかかわらず、大川が日米決戦論に転換したのはなぜか。一因としては、前述したアメリカの日本人移民禁止（一九二四年）があげられるが、より大きな要因は、日本にとっての満州の意味付けが変化したことにあった。

第一次世界大戦後のワシントン体制▲の形成に対応して、民間の対外硬的アジア主義は、日本外交のあらたな基軸となった対米英協調の批判へと向かっていた。不満の焦点は、日本の中国での勢力拡大が、中国における経済的な門戸開放と政治的・領土的統一というアメリカの主張によって抑制されることにあった。ただし大川自身はワシントン会議終了直後の時期にも、日米の「無用の衝突を避ける」ため、「北満」における「日米経済同盟の必要」、つまり共同開発を主張していた（「北満より帰りて」一九二二年一月〈文書〉）。

▼ウィルソン外交　第一次世界大戦前後にわたってアメリカ大統領（一九一三～二一年）をつとめたウッドロー＝ウィルソン（一八五六～一九二四年）は、一九一八年に提唱した一四カ条で、道義性に立脚した国際平和の実現、国際連盟の設立、秘密外交の廃止、民族の自己決定権などを訴え、戦後の国際秩序形成に大きな影響をあたえた。

▼ワシントン体制　一九二一～二二年のワシントン会議で締結された中国をめぐる九カ国条約（中国の独立と領土保全の尊重、機会均等原則、安定政権の樹立をうながす環境の整備など）、海軍軍縮に関する五カ国条約、太平洋に関する四カ国条約などによって規定された、アメリカ・イギリス・日本を中心とする東アジアにおける協調体制。

しかし大川は、東亜経済調査局での業務や博士論文「特許植民会社制度の研究」（一九二五年提出）の執筆を通じて、「今後世界に於て言葉の充分なる意味で独立国として立って行く為めには少くとも自給し自足し得る丈けの経済領域を確保しなければならぬ」と考えるようになった。そしてすでに充分な「経済領域」を有しているのは「大英帝国」「北米合衆国」「ソヴエート連邦」「中華民国」だけであり、「（日本の）発展の方向は実に満蒙《まんもう》の外にない。日本は満蒙を取り入れた大経済単位に於て其経済組織を革新しなければならぬ」との結論に到達した（「大川周明訊問調書」一九三三）。満州を独占的に日本の経済的支配下におく必要から、日米の利害はあいいれないとの判断にいたったのである。

かくして一九二〇年代後半、大川は満蒙経営論と日米対決論とを表裏一体に主張するようになったが、そのどちらも「復興亜細亜」の理念によって正当化された。また大川はこのころから板垣征四郎《いたがきせいしろう》▲ら陸軍中堅将校と親しく接触して意見を交わすようになり（伊藤一九六九）、満州事変を先導するような言論・政治活動を展開していった。一九二八（昭和三）年、大川は東亜経済調査局の一員として満州に赴き、張学良《ちょうがくりょう》▲と会見して満州での「王道国家」の建設、具体的には

▼**板垣征四郎**　一八八五〜一九四八年。岩手県出身。陸軍士官《しかん》学校、陸軍大学校卒業。一九二九（昭和四）年、関東軍《かんとうぐん》参謀。石原莞爾《いしはらかんじ》らとともに満州事変の引き金となった鉄道爆破工作（柳条湖《りゅうじょうこ》事件）を計画。その後、満州国軍政部最高顧問や第一次近衛文麿内閣・平沼騏一郎《ひらぬまきいちろう》内閣の陸軍大臣をつとめる。東京裁判で死刑に処せられた。

▼**張学良**　一九〇一〜二〇〇一年。軍閥《ぐんばつ》・奉天《ほうてん》派の総帥、張作霖（一八七五〜一九二八）の長男。日本軍に爆殺された父の跡を継いだのち、蔣介石と協力し、中国東北地方を国民政府のもとに統一した。満州事変以後は蔣介石と立場を異にし、一九三六年には共産党との内戦中止、抗日民族統一戦線の形成を訴えて蔣介石を逮捕・監禁する西安《せいあん》事件を起こした。

「支那本部と離れた特殊政治区域」として「日満」の「精神的国境」を撤廃したうえで「経済的国境」をも撤廃するという方針を提示した（「張学良氏を問ふの記」一九二八年十一月（全集））。この運動は、大川にとって「復興亜細亜の礎たるべき若干の石」と意義づけられた（「吾等の志業」一九二九年六月（全集））。張学良は大川の働きかけが功を奏することなく国民政府に接近していったが、「王道楽土」の理念は大川周辺の人びとに大きな影響をあたえ、「満州国」が建国されるとその正当化に用いられていった（山室一九九三）。

　満州を中国本部から切り離し、日本の経済圏に組み入れる構想が「復興亜細亜」と意味づけられたことは、インドやイスラム諸国のイギリスに対する抵抗を主軸としていた「復興亜細亜」の論理自体の、大きな変化であったといえよう。「米国の東洋政策」は、その変化を説明する根拠とされた。「太平洋を支配」することで「東亜」「東洋」における資源・市場・投資先としての「支那満蒙」を支配しようとするアメリカの「東洋政策」は、ワシントン会議・ロンドン会議▲において、日本を無力化・駆逐することで「太平洋」「東亜」の覇権を握ろうとする「野心」としてあらわれるにいたった、と大川は批判した（「ロンドン会議の意義」一九三〇年

▼ロンドン会議　一九三〇年、英・米・日・仏・伊が海軍補助艦の制限をおもな目的にロンドンで開いた軍縮会議。日本からは若槻《わかつき》礼次郎《れいじろう》らが全権として参加。日本の補助艦保有率について、日本は対米七割、アメリカは対米六割を主張し、対米六割九分七厘五毛で妥結した。調印されたロンドン海軍条約に日本海軍は不満を露わにし、統帥権の干犯として激しく批判した。海軍の主張はとおらず条約は批准されたが、統帥権干犯論は軍部が台頭・独走する土台をつくった。

張学良

五月〈全集〉)。「復興亜細亜」は「東亜」を焦点として、日本による満州の独占的支配を正当化し、それを阻害するアメリカの「東洋政策」を排除する論理へと再解釈されたのである。

ただし、「復興亜細亜」の意味内容を変えてまで大川が「満蒙に於ける日本の立場」を正当化しようとしたのは、逆にいえば「経済的必要」「国防的見地」という「日本の生存」上の必要から説明するだけでは「道徳的根拠を欠」き、「少なくとも支那の政策を道徳的に憤る根拠」は失われてしまうという自覚によるものだった(「満蒙問題の考察」一九三一年六月〈全集〉)。「復興亜細亜」を唱え続けてきた大川は、中国を政治主体と認める結果、国益の排他的追求という観点だけから日本の対満蒙政策を説明することができず、「道徳」的正当性に拘束されたのである(呉二〇〇七)。このような観点から大川は日露戦争による「大陸進出」を「東洋永遠の平和」「東亜民族の平安繁栄」のためだったと改めて意味づけ(「満蒙問題の考察」)、また朝鮮への植民地支配について、「日本の朝鮮合併と、英国の印度領有とは、その動機に於て本質的の相違があ」ると述べた。動機の相違とは、「純然たる営利」のためにインドを征服したイギリスと異なり、日本の朝鮮併合は安全保障上の必要によるというにすぎない（大川周明「印度国民運動の由来」一九三一年一月〜二月〈全集〉）。しかし、「復興亜細亜」の名のもとにヨーロッパのアジア支配を声高に批判してきた大川は、日本の朝鮮支配については管見のかぎりこれ以前に論じたことさえなかった。イギリスのインド支配との相違を説明する必要を覚えたこと自体、この時期にようやく「道徳」的拘束への自覚が生じたことを示しているといえよう。

大川周明のアジア「精神」論

大川においてヨーロッパ対アジアという対立軸は、かつては政治的な支配―従属関係を基本としていたが、前述のように「復興亜細亜」が満州問題と結合した一九二五（大正十四）年ごろから、大川は「精神」面からもアジアの共通性を論ずるようになった。

インドから訪日した「紛《まぎ》れもなき英吉利《イギリス》の敵」革命家プラタプを歓迎する一文で、大川は「亜細亜連盟」「東洋国際主義」のために「利害の共通」だけでは不充分であり、「アジアを真個に結び得る」のは「亜細亜本来の精神」だけだと主張した。

そして、「亜細亜本来の精神」とは「日支印三国伝来の精神」であった（「プラタプ君を迎ふ」一九二五年〔文書〕）。日本・中国・インドの「三国」がアジアの「精神」を構成するという主張は岡倉天心の所論を踏襲しているが、大川が明らかに政治的な「利害の共通」を補強する目的で「精神」を導入しているのはみのがせない。政治的支配―従属関係だけから対立軸を設定するなら、日本自身がアジアの例外となるからである。大川が満州の排他的確保を必要視しはじめたこの時期だからこそ、「日支印三国伝来の精神」が語られるようになったとみるべきだろう。

このような大川の論理は戦時中の「東亜新秩序」論まで基本的に変わらず、一面では日本の帝国主義性を糊塗するにすぎないものだった。大川は、日本の朝鮮支配を正当化した前掲の論説で、「朝鮮と日本とは一葦帯水《いちいたいすい》の隣接地帯」という地理的な近さ、「ともに儒教《じゅきょう》及び仏教を精神的根拠とする東洋文明の場である上に、人種的にも殆ど同種」という文化的・「人種」的同質性からも朝鮮支配を正当化した（「印度国民運動の由来」）。文化的な共通性は、ヨーロッパとアジアとがあいいれないことの根拠には用いられても、アジア内部での対等性を根拠づけるものではなく、支配正当化の根拠へと容易に転化したのである。また大川は、仏教が発祥の地インドではすでにほとんど信者をもたないという現実については、おそらく目をつぶっていた。

しかし他方で大川の議論には、アジア文明論としての論理的な整合性をもたせようという意図もみてとれる。すでに述べたように、岡倉天心のアジア論においてはイスラム諸国の位置付けが不明確だったが、大川の「復興亜細亜」においてこれらの国々は、「利害の共通」ゆえにこそ重要な部分を占めていた。「日支印三国伝来の精神」によってアジアの一体性を語ることは、そのままイスラム諸国の除外を意味するはずだったが、大川は並行して、イスラム諸国を包含したアジア文明論をも提示しようとした。

大川は日米対決の運命を説いた『亜細亜・欧羅巴・日本』、そして『日本及日本人の道』(一九二六年〔全集〕)で、「欧羅巴の進歩主義」と「亜細亜の保守主義」とを対比して、イスラム諸国・インド・中国・日本には共通するアジア的特徴があると論じた。すなわち、近代ヨーロッパには「理想の制度化」、つまり「現実の国家の制度組織」において「理想」を実現しようとする「進歩主義」がある。しかしアジアの「保守主義」は「根本に於て精神的」であり、「内面からの変化」「内面の自由」を追求し、「個人個人の人格」を通じて「社会を立派に」しようとする結果、「発展の自由」が阻まれ、「無用の形式」が「頑守」されるというのであった。

イスラム諸国から日本までの広大で多様なアジアに共通の特徴を析出しようとした結果、大川は近代ヨーロッパとの差異を進歩と保守の二項対立へと単純化した。これは一面でオリエンタリズムそのものだが、他面で「法治」より「徳治」を重んずる儒教的規範を逆転した説明とも考えられる。そのうえで大川は、日本をアジアの「保守主義」とヨーロッパの「進歩主義」とを統一した存在として位置づけた。アジアとヨーロッパを共存させた日本という主張はありふれた日本特殊論ともいえるが、注意したいのは、大川がヨーロッパにおける「理想の制度化」としての立憲政治の発達に着目し、それを採り入れた日本の立憲君主制に評価をあたえたことである。日本における「保守主義」と「進歩主義」との統一のなによりの根拠は、日本が「国家の組織」において「近代的立憲君主国家」の導入という「欧羅巴的進化」を実現しながら、「皇室中心」という「水際立って亜細亜的」なあり方を維持し続けていることだった。日本の立憲政治はこの時期、第二次護憲《ごけん》(憲政擁護)運動▲をへて本格的な政党内閣の時代を迎えていた。

▼**第二次護憲(憲政擁護)運動**
一九二四(大正十三)年、第一次山《やま》本《もと》権兵衛《ごんべえ》内閣がシーメンス事件で批判を受けて倒れたあとに、清浦《きようら》奎吾《けいご》(貴族院《きぞくいん》議員、元警察官僚)が首相に任じられたのに対し、政友《せいゆう》会《かい》・憲政会《けんせいかい》・革新倶楽部《かくしんクラブ》が「護憲三派《さんぱ》」として結集して攻撃し、総選挙で大勝した。清浦内閣は総辞職し、加藤高明(憲政会)を首相とする護憲三派内閣が誕生した。

つまり大川は必ずしも、日本の特殊性や優越性だけを語ったわけではない。「亜細亜の保守主義」の「真の意義」は「旧き一切への愛着」ではなく、「一時的なるもの」と「永遠なるもの」を区別し、後者を保持しながら、「現実の生活の神聖さ」という「近世欧羅巴の教訓」をアジアは学ぶべきだと大川は説いた。もちろん、大川のいう「亜細亜的」な「皇室中心」こそが、大川自身のクーデタによる国家改造という志向を補強し、結局は帝国憲法下における日本の政治的民主化を途絶させたのだと指摘するのは簡単である。トルコやエジプトのナショナリズム運動と軍部との結びつきに、大川が少なからず共感を示していたことも否定できない(『復興亜細亜の諸問題』)。しかしここでは、大川のアジア精神論が、非欧米諸国における近代化という問いに対する一つの解答の試みだったと考えておきたい。

ただし、大川がいかにアジアの「精神」的共通性や近代化の可能性を語ろうとも、現実政治では、それは日本に指導者の資格をあたえる論拠としてしか語られなかった。日本の戦争を、大川がどう意味づけたかみていこう。

▼**満州事変**　関東軍の石原莞爾・板垣征四郎らの謀略を発端とする、日中間の軍事紛争。一九三一（昭和六）年九月十八日、関東軍は満鉄線を爆破（柳条湖事件）、中国側の犯行として軍事行動を開始した。関東軍は第二次若槻内閣の不拡大方針に従わず軍事行動を広げ、制圧した地域に一九三二（昭和七）年、「満州国」を建国した。

▼**「満州国」**　日本の植民地との批判を避けるため独立国の体裁をとり、清朝《シンちょう》最後の皇帝愛新覚羅《あいしんかくら》溥儀《ふぎ》を形式上の元首とした。

▼**国際連盟脱退**　国際連盟は一九三一年、中国の提訴により満州事変に関する現地調査委員会（リットン調査団）を設置した。調査団の報告書は日本の満州権益について実質的に認め、また制裁を回避しながらも、満州事変を日本の自衛とは認めず、「満州国」を独立国とも認めなかった。一九三三年、国際連盟総会で報告書が賛成四二、

「東亜新秩序」と「三国魂」——戦時中の大川周明

満州事変▲と「満州国」▲の建国、さらには日本の国際連盟脱退▲は、大川の数年来の主張を実現する結果となった。しかし同じ時期に従事していたクーデタ計画により、大川の活動の途はいったん閉ざされた。大川にとって「復興亜細亜」と「日本改造」とは不可分であり、陸軍中堅将校たちへの働きかけを通じて、彼は満蒙経営論を練る一方で、国内でのクーデタによる政権転覆をも計画していた。この計画は未遂に終ったが（三月事件▲、十月事件▲）、五・一五事件▲に際し、大川は事件の実行者に拳銃や実弾、現金を供与した罪で逮捕され、以後、一九三七（昭和十二）年の日中《にっちゅう》戦争勃発直後まで入出獄を繰り返した。

大川は一九三六（昭和十一）年八月四日、獄中で記した日記で、中国や朝鮮・インド・東南アジアの人びとを「亡国民」と呼び、「差別」を正当化している。

> 予は従来総《すべ》ての人間を平等に扱ひ過ぎた。……向後《こうご》は取扱ひに多少の差別をつけよう。……予はこれまで幾多の亡国民と交はって来た。支那人朝鮮人印度人安南《アンナン》人爪哇《ジャワ》人等である。此等《これら》の亡国民は決して之を日本人と同一視し、従って同一に待遇してはならぬ。……彼等を世話する親切な日本

反対一(日本)、棄権一(シャム)で可決されると、松岡洋右《まつおかようすけ》ら日本代表は議場から立ち去り、一カ月後に正式に脱退を通告した。

▼**三月事件**　一九三一(昭和六)年三月、陸軍将校の橋本欣五郎《はしもときんごろう》と桜会《さくらかい》(橋本が結成した陸軍将校の国家改造団体)が大川周明とともに立案したクーデタ計画。実行には移されなかった。

▼**十月事件**　橋本欣五郎・桜会が大川周明らと計画したクーデタ。一九三三(昭和八)年十月、決行を前に露見し、橋本らは陸軍内部で謹慎処分を受けたが、事件は公表されず大川は処分を受けなかった。

▼**五・一五事件**　一九三二(昭和七)年五月十五日、愛郷塾《あいきょうじゅく》(農村青年団体)の海軍将校・陸軍士官候補生らが、首相官邸で犬養《いぬかい》毅《つよし》首相を射殺し、さらに内大臣《ないだいじん》官邸、政友会本部、三菱銀行を襲撃した事件。

人が常に彼等に愛想を尽かし、その結果恩が仇となって却って彼等の反感を買ふやうになる……もともと彼等は道徳的に低度の国民であるからこそ亡国の民となったのだから、高い道徳的要求に応じきれないのは当然の話である。……彼等に対しては丁度《ちょうど》家畜を馴らすと同様に、情けと力で手なづける外に良策がないようだ。

大川に主観的には善意があったとしても、「道徳」も「親切」も「恩」も、指導者としての日本を中心・基準としてのみありえた。ゆえにそれが受け入れられないとみると、相手は日本人より劣っているから独立を保てないのだと、同質性を否定してみずからを納得させ、「力」による支配を肯定したのである。

日中戦争の開戦を獄中で知った大川は、「来るべきことが来たのだから今更驚くに当らぬ」と日記に記した(一九三七年八月六日)。しかし一九三七年十月に出獄したのち、蔣介石《しょうかいせき》▲の国民政府の打倒が困難であり戦争の長期化が避けられないと認識すると、大川は事態収拾のための工作を試みた。それはアメリカからの民間借款《しゃっかん》によって日米合資の会社を設け、中国を開発するという案であり、狙いは蔣介石政権の弱体化とアメリカとの関係改善にあった(楠一九八七)。

▼蔣介石　一八八七〜一九七五年。浙江《せっこう》省奉化《ほうか》県の生まれ。陸軍士官候補生として日本に留学中、孫文の率いる中国同盟会に加わった。孫文死後、北方軍閥に対する攻撃（北伐《ほくばつ》）をへて国民党の指導者となった。中国共産党に対し当初は武力弾圧による国内統一をめざしたが、西安事件後、共産党との協力による抗日（国共合作《こっきょうがっさく》）を約した。日本との戦争に勝利したのち、国民党は再開した共産党との内戦に敗れ、一九四九年、蔣介石は中華民国ごと台湾に逃れた。

蔣介石

一九三八（昭和十三）年末から日米開戦までにおよんだこの工作は、政府や軍部とほとんど無関係に行われ、なんらの成果もあげえなかったが、大川がアメリカとの即時決戦を望まなかったことを明らかにしている。一九二〇年代後半に日米戦争運命論を説いた大川は、実際に日米戦争の可能性を察知すると二〇年代前半と同様、中国開発による日米経済提携路線をとったのである。

しかし日本が一九四一（昭和十六）年十二月にアメリカやイギリスをはじめとする連合国との戦争に踏み切ると、大川は「大東亜戦争」のイデオローグたる役割を買い、著述だけでなくラジオ放送や講演を通じて戦争の意義を説いてまわった（大塚一九九五）。『米英東亜侵略史』（一九四二年〔全集〕）で大川は、一九二五（大正十四）年に主張した日米戦争運命論は一六年後まさしく事実になったとして、みずからの一貫性を強調した。「支那事変の完遂」は「東亜新秩序実現」、そして「亜細亜復興」を意味する。その障害がアメリカの「太平洋進出」＝「東亜進出」と、イギリスの「印度支配」および「支那進出」とであった。つまり大川の論理構造においては、「東亜新秩序」の実現が「亜細亜復興」を意味するために、インドという媒介項が不可欠だった。「対米英戦争の勝利」は「必ず印度独立の機

マハートマ＝ガンディー

縁に」なるという論理によって、戦争の正当性を補強していたのである。

ただし大川は戦争の過程を通じて、「亜細亜復興」という理念の現実的な通用性について懐疑を深めていった。前述したようにアメリカからの借款工作によって日中戦争の解決をはかっていた大川は、中国に盛んに行き来するなかで、日本の「支那通」が「交って居る」中国人は「ブローカー」ばかりで、「真面目な中国人」は日本人を相手にしていないと認識し、「満州国」も「王道楽土ではなく王道地獄」だと悲観した（『経済的立場に於ける支那問題の解剖』一九四〇年（文書））。日本と中国がもし「真に相和すれば」、「少くとも印度以東に独自の生活と理想とを有する『亜細亜』の出現を見る」はずだが、現実には蒋介石政権は英米ソと結んで抗戦し、「支那民族の多数」も反日であり、対米英開戦によって日本は、「味方たるべき支那と戦いながら、同時に亜細亜の敵（米英）と戦う」難局におかれたのである（「亜細亜の興廃」一九四一年十二月（全集））。

しかも「亜細亜復興、東亜新秩序のための支那事変」について、大川にとって「最も悲しむべき事実」は、「支那多数の民衆」だけでなく、「概して亜細亜諸国がわが国に反感」をいだき、「日本を以て白色主人と択ぶところなき者、一層好ましからぬ者」とみていることだった（「厳粛なる反省」一九四一年四月〈全集〉）。日本軍は資源確保と戦争完遂のために各地の独立運動を利用しようとしただけだったから、これはむしろ当然だが、大川は「亜細亜復興」の論理に拘束される結果として、彼らの非協力的態度を深刻な問題と受けとめたのである。とりわけ「亜細亜復興」の論理に欠かせないインドにも、「日本に対する反感を抱く者が少くな」いと大川は公に認めた（「印度問題の展望」一九四二年七月〈全集〉）。

実のところ、インドの人びとが独立を手にいれるために日本にまったく利用価値を認めなかったわけではない。しかしガンディーやネルーらインドの国民会議派は、独立を認めずに戦争協力を要請するイギリスに応じなかった一方で、日本の植民地支配や中国侵略にははっきり批判的だった。またマレー半島で日本軍の工作に応じて反英闘争を開始したインド独立連盟・インド国民軍も、日本の領土的野心を警戒し、「大東亜共栄圏」という名目のもとでの独立支援に強い不信をいだいていた（長崎一九八〇・一九八九）。「大東亜会議」（一九四三年十一月）の開催をひかえた時期、大川は、一見協力的な中国人もインド人も、「密室に於て互に私語するところ」は日本人への表向きの態度とまるで違うとなげい

▼マハートマ＝ガンディー　一八六九〜一九四八年。インド・グジャラート地方生まれ。イギリス留学により弁護士資格を取得。南アフリカでインド人移民への差別に対する抵抗運動を組織し、非暴力的不服従の方法を編みだす。一九一五年のインド帰国後、非協力運動など大規模な大衆運動を組織し、インド民族運動の最高指導者となった。マハートマは「偉大な魂」との尊称。

▼ジャワハルラール＝ネルー　一八八九〜一九六四年。インド連合州出身。イギリス留学で弁護士資格を取得。一九一二年の帰国後、国民会議派にはいる。急進的な完全独立論を唱える一方、社会民主主義的な政策を提唱。国民会議派議長を独立までに三度つとめる。一九四七年、独立したインドの初代首相。バンドンでの第一回アジア＝アフリカ会議（一九五五年）開催を主導。

た(「亜細亜的言行」一九四三年九月〈全集〉)。

　こうした危機感は、大川を改めて日本・中国・インドの「精神」的紐帯の強調、そして「対外思想戦」への訴えへと向かわせた。一九二五年の時点で「日支印三国伝来の精神」をアジア一体化の根拠として提示していた大川は、対米英戦と「東亜新秩序」「大東亜共栄圏」の正当性を訴えるにあたって、「東亜新秩序」は単なるスローガンではなく「東洋最高の文化財」に関するもので、それは「日本人の魂」すなわち「東洋魂」に統一されていると改めて述べた。「支那精神」と「印度精神」とが「やまとごころ」によって総合された「東洋魂」によって、「正しき支那と蘇れる印度とが日本と相結んで東洋の新秩序を実現する」まで戦い抜くというのであった(『米英東亜侵略史』)。さらに「東洋魂」は、「三国魂」といいかえられた。大東亜共栄圏は「三国精神の客観化」であり、「三国魂」は「東亜新秩序の精神的基礎」とされた(『大東亜秩序建設』一九四三年〈全集〉)。

　興味深いことに、なぜ日本においてこそ「三国魂」が誕生し、「アジアに対する使命と責任」を担ったのかという説明として、大川は日本のみが「三国」を意識しており、中国とインドは「日本を眼中に置か」なかったのだと述べた(『大東

▼**インド独立連盟**　タイ在住インド人が組織し、一九四一年十二月、日本軍「F機関」との協力により反英独立運動を開始した団体。日本軍は連盟をR・B・ボースを会長とする「東亜」全インド人の組織に再編したが、支持をえられず、一九四三年七月、亡命先のドイツから招聘したスバース＝チャンドラ＝ボースを新総裁とした。十月、自由インド仮政府を組織。

▼**インド国民軍**　マレー英印軍インド人兵がF機関・インド独立連盟の呼びかけに応じ投降、一九四二年初頭に結成した、インド独立を目的とする軍隊。自由インド仮政府の成立とともにその軍隊となり、S・C・ボースが司令官となった。一九四四年、日本軍とともにインパール作戦(ビルマからインドへの侵攻)に参加し敗北。

▼**大東亜会議**　「大東亜戦争」完遂の決意と「大東亜共栄圏」の確立を内外に示すため、日本・中国

亜秩序建設』)。岡倉天心以来の論理を組みかえながら、大川は歴史的なインド文明・中華文明に対する日本の周縁性を認め、それこそがアジアの一体化を担う前提条件となったと説明したのである。

「三国魂」論は、「『儒仏以前』を高調讃美」する「あまりに日本的」な精神論への批判でもあった。当時、大日本言論報国会《だいにほんげんろんほうこくかい》▲などで「国内思想戦」のため主張された米英排斥的な「日本的世界観」への帰一(赤澤一九九三)は、日本文化の純粋性・固有性を追求していく結果、場合によっては西洋的価値どころかあらゆる外来要素を排除する議論となった。しかし大川は、それでは「亜細亜の心琴《しんきん》に触れがたく、対外思想戦としては無力」だとして、中国人やインド人から「大東亜戦争」への理解・協力をえるには、戦争正当化の論理が「国内消費」向けであっては無意味だと説いたのである(「亜細亜的言行」)。実際、大川は一九四三(昭和十八)年十二月に「興亜使節」として上海《シャンハイ》や南京《ナンキン》で講演を行い、『米英東亜侵略史』は英語版が四四(同十九)年に刊行された(大塚一九九五)。これらは、大川なりの「対外思想戦」の試みだったのだろう。もっとも、日本の「指導的地位」をあくまで必然視していた大川は、外務省の重光葵《しげみつまもる》▲らが連合国に対抗しうる普遍

(汪兆銘《おうちょうめい》政権)・タイ・「満州国」・フィリピン・ビルマ・自由インド仮政府の指導者を集め東京で開かれた会議。フィリピン(旧アメリカ領)・ビルマ(旧イギリス領)は会議直前に日本から独立をあたえられたが、実質は日本の軍政が続いた。タイにも日本軍が常駐した。

▼**大日本言論報国会**　一九四二(昭和十七)年十二月、日本評論家協会を内閣情報局の指導により改組して結成。「米英」の「敵性思想」を「一掃」するための言論活動に従事した。敗戦後に解散。

▼**重光葵**　一八八七～一九五七年。大分県生まれ、東京帝大法学部卒。外交官。対米英開戦当時の駐英大使。一九四三(昭和十八)年四月～四五(同二十)年四月、外務大臣(四四(同十九)年四月以降、大東亜大臣を兼任)。東京裁判でA級戦犯として禁固七年の刑を受けた。一九五〇(昭和二十五)年に

理念を必要と考え、大東亜宣言▲を通じて「大東亜共栄圏」各国の「自主独立」「平等互恵」を原則化しようとしたのと違って、軍部に定義された日本の戦争目的自体を問いなおすことはなかった（波多野一九九六）。

なお『大東亜秩序建設』で大川は、近代にはいって「亜細亜諸国の大半が西欧の植民地又は半植民地」となって「故意に分裂対立の状態に置かれた」と述べたうえで、「亜細亜諸国の相互の理解と認識とを妨げ」た一因は、「亜細亜諸国の知識層」が「欧羅巴の凡《あら》ゆる言葉を学んだが自国語以外の唯一の東洋の言葉を学ばんと」せず、「隣邦」についての知識を「殆ど総て欧米人の著書を通して得たる」ことだと述べた。明らかに、一九三八年に『理想の再建』として公刊された岡倉天心の英文草稿の引写しだが、その趣旨は大川自身の経験からもうなずけるものだったのではないだろうか。天心との違いは、交戦国アメリカもアジアの分断者に数えられたことだった。

「大東亜戦争」とイスラム教

「東亜新秩序」「大東亜共栄圏」を「三国魂」によって根拠づけたことは、大川の

仮釈放され、改進党総裁や鳩山一郎内閣の外相をつとめた。

▼大東亜宣言　一九四三（昭和十八）年十一月、大東亜会議で発表された。前文で米英に対する戦争「完遂」への協力を呼びかける一方、本文では「共存共栄」「自主独立の尊重」「民族の創造性の伸暢《しんちょう》」「互恵的経済発展」「人種差別の撤廃、文化の交流、資源の開放」といった理念をうたった。

アジア論におけるイスラム教の位置付けにどう影響をあたえただろうか。実のところ、戦時中の大川は「大東亜戦争」を正当化する言論活動と並行してイスラム研究を続け、一九四二(昭和十七)年にはイスラム教についての包括的な紹介書『回教概論』を刊行していた。

もちろんイスラム研究はもはや日本の戦争と無関係ではなく、「今や大東亜共栄圏に多数の回教徒を包擁するに至り、回教に関する知識は国民に取りて必須のもの」となっていた(『回教概論』)。「満州国」の建国以後、すでに中国大陸のムスリムは日本の支配下にあったが、とくに対英戦の開始とともに日本はマレーシアやシンガポールに進軍し、ムスリムは統治対象として軽視できない存在となった。大川自身の東亜経済調査局や回教圏研究所▲など、日本のイスラム研究は戦時中に国策の後ろ盾をえて出発したのである(川村一九八七)。

ただし、戦時中における大川のイスラム研究は一面で、国策上の要請を資金源として利用するものだった。大川は、井筒俊彦《いづつとしひこ》▲や前嶋信次《まえじましんじ》▲など新進の研究者を東亜経済調査局に招き、多数の研究文献やアラビア語文献を購入して、研究環境を提供した。アラビア語能力に乏しい大川自身の『回教概論』は、ヨーロッ

▼**回教圏研究所**　大久保幸次《おおくぼこうじ》（駒沢大学文学部教授、イスラム教史・トルコ研究）が一九三八(昭和十三)年に設立した「回教圏攷《こう》究所《きゅうじょ》」が、蒙古善隣協会(軍部外郭の文化工作団体)の資金援助を受けて四〇(同十五)年に改組した研究所。敗戦とともに解体。

▼**井筒俊彦**　一九一四〜九三年。慶應義塾大学文学部英文科卒、同大学教授。アラビア語をはじめとする多数の言語を習得するとともに、イスラム思想・ギリシア思想・言語学などを研究。戦後、イスラム神秘主義や『コーラン』の研究を大成させ、さらに比較宗教哲学の構築に進んだ。

▼**前嶋信次**　一九〇三〜八三年。東京帝国大学文学部東洋史学科卒。台北《たいほく》帝国大学助手や東亜経済調査局をへて、戦後、慶應義塾大学教授。日本におけるアラビア史・シルクロード史研究の先駆者。

パのオリエンタリズム的なイスラム研究に依存した二次的研究の域をでなかったが、井筒や前嶋はこの時期の蓄積を一つの基礎として、戦後日本での本格的なイスラム研究の発展をなしとげた（三沢二〇〇二、臼杵二〇一〇）。

そして宗教学者としての大川は、ユダヤ教やキリスト教と教典や使徒、儀礼などを共有し、唯一神への信仰という点でも共通するイスラム教を、「西洋的」と結論づけた。すなわち、「回教は往々にして東洋的宗教と呼ばれ、其の文化は東洋的文化と呼ばれて居る。さり乍《なが》ら回教は、ゾロアスター教・猶太《ユダヤ》教・基督《キリスト》教を包擁する宗教群の一宗派であり、此《こ》の宗教群に共通なる根本信仰の上に立って居る。……若《も》し印度及び支那を東洋的と呼ぶとすれば、明かに之《これ》と対立する西洋的性格を有《も》つて居る」（『回教概論』）と。

ヨーロッパからみた Orient, East と、大川にとっての「三国」としての「東洋」が衝突した結果、イスラムは「西洋」とされたのである。大川はさらに進んで、「大東亜圏の範囲」についての考察で次のように述べ、日本とともに「三国」を構成する中国・インドを「東洋」の中心におくことで、晩年の岡倉天心と同様に、ヨーロッパからみた東方（オリエント）の区分を退けた。

欧羅巴が古《いにしえ》より『東方 Orient』と呼び来《きた》れるものは、吾等の謂はゆる東洋でない。吾等の東洋即ち大東亜圏はパミール高原以東の亜細亜東半を意味するのであるが、彼等の『東方』はパミール高原以西の亜細亜西半にエジプトを含めたる地区を意味する。（『大東亜秩序建設』）

ただし大川は同時に、イスラムを含む「全亜細亜」が「一面には欧羅巴の支配を覆し、他面には自己の腐敗せる社会的伝統を倒して、独立国家建設のために高貴なる血を濺《そそ》ぎつつある」という「共同の政治的運命の下」にあると主張した。しかし、「文化圏」としては「固有の生活感情及び之に相応する人生観並に生活様式」からみて「決して東洋即ち大東亜圏のそれと同一でない」とした。

要するに対米英戦開始後の大川は、日本・中国・インドを中心とする「大東亜圏」について、米英に対する政治的利害の共通性を「三国魂」という文化的共通性によって根拠づけようとした一方で、イスラム圏（東方）に関しては、ヨーロッパに対する政治的利害の共通性と、文化的な異質性（ヨーロッパとの共通性）とが両立するとの見解をつくりあげたのである。「復興亜細亜」の理念による戦争の正当化と宗教学者としての文化論的考察とが絡み合った、大川のアジア論の帰着点であった。

敗戦後の大川周明とアジア

一九四五(昭和二十)年八月十五日の正午、昭和天皇がみずから読み上げた終戦の詔勅《しょうちょく》(「玉音《ぎょくおん》放送」)をラジオで聴くと、大川周明は日記に「わが四十年の興亜の努力も水泡に帰す」と記した。インド哲学への関心を通じて『新インド』に出会った青年期から、「大東亜戦争」のイデオローグとしての役割を担った戦時中までを一貫する「興亜」の歩みと意味づけ、その終りを認識したのである。

もっとも実際に即してみれば、日本軍の降伏によって各植民地では旧宗主国に対する独立戦争の機運が改めて到来していた。「大川塾」と通称された東亜経済調査局附属研究所の研究生たちは、戦時中に数多くビルマやインドネシアの戦線や軍政に投入されたが、たとえば沖縄出身の稲嶺一郎《いなみねいちろう》▲は、敗戦後も「大川先生の理想」を信じてインドネシア独立戦争▲を支援した(稲嶺一九八三)。日本の敗戦こそが、「興亜」の決定的な後押しになったともいえるだろう。

大川は極東国際軍事裁判(東京裁判)において「平和に対する罪」に問われ、民

▼稲嶺一郎　一九〇五～八九年。沖縄県生まれ、早稲田大学卒。一九二九(昭和四)年に南満州鉄道会社入社。一九四四(昭和十九)年、インドネシア海軍武官府に出向。一九四五(昭和二十)年十二月、連合国軍に投獄され四七(同二十二)年に日本送還。一九七〇(昭和四十五)年、参議院議員(自民党)。日本と東南アジアの関係修復に尽力し、「ミスター・アセアン」と呼ばれた。

▼インドネシア独立戦争　日本の敗戦直後、日本軍政下にあったインドネシアは独立を宣言した。旧宗主国のオランダはこれを認めず、インドネシア独立軍と連合国軍との戦争が一九四九年まで続いた末、オランダは主権の移譲を認めた。

東京裁判での大川周明と東条英機
（一九四六〈昭和二十一〉年五月）

▼東条英機　一八八四〜一九四八年。東京生まれ、陸軍軍人の子。陸軍幼年学校・士官学校・大学校を卒業し、陸軍の軍務官僚として功績をあげた。一九四〇（昭和十五）年、陸軍大臣。近衛文麿首相に対米開戦を迫る。一九四一（昭和十六）年十月、総理大臣兼陸軍大臣兼内務大臣。十二月、アメリカ・イギリスへの開戦を決断。一九四四（昭和十九）年七月、倒閣とともに全公職を退いた。東京裁判で起訴され、死刑判決。

間人としてはただ一人法廷の被告席に立った。『米英東亜侵略史』や『大東亜秩序建設』といった戦時中の著述は、検察側が大川を「日本軍国主義のブレイン・トラスト」とみなす根拠となった。しかし開廷した一九四六（昭和二十一）年五月三日当日、大川は前に座った東条英機《とうじょうひでき》▲被告の頭をたたき奇声を発するなどして、翌日退廷を命ぜられた。梅毒性脳疾患と診断された大川は、以後入院して療養生活にはいったまま、審理除外処分となった（大塚一九九五）。

入院生活のなかで、大川は宗教学者としてのみずからに回帰した。一九四六年十二月から約二年間を費やして、イスラム教の根本教典『コーラン』の全訳を完成させたのである。一九四八（昭和二十三）年十二月十一日、「三十五年の昔」に「回教研究に没頭」していた日々を思いだしながら、政治・言論活動や植民政策研究で「余りにも事繁《しげ》き歳月が続」き遠ざかっていた「古蘭《コーラン》の訳注」という「多年の宿願」が、「戦犯容疑者となり乱心者となりしために」「成就」したとして、「嗚呼《ああ》、見えざる力、常に我を導く」と大川は歓びの言葉を記した（『安楽の門』）。

大川周明は、一九五七（昭和三十二）年に没した。

岡倉天心と大川周明のアジア論

岡倉天心と大川周明は、それぞれ美術史、宗教学という専門分野の研究から出発して、どちらもまずインドに文化的観点から関心をもちながら、イギリスによるインド支配という現状に直面して、世界をヨーロッパ対アジアという構図によって認識するにいたった。天心はアジアの自信回復と連帯を英語の著書で訴えようとしたが、日露《にちろ》戦争期における日本の朝鮮政策については弁護以上のことをなしえなかった。大川もヨーロッパのアジアに対する植民地《しょくみんち》支配を批判し、「復興亜細亜《アジア》」を謳いながら、日本の植民地支配は肯定した。とくに中国への膨張については、アメリカとの敵対を認識するとむしろ「興亜」のためとして積極的に意味づけ、結果的には自身も勝算を認めなかったと思われる「大東亜戦争」に正当化の論理を提供した。

天心と大川のアジア論を、地域概念についての考察として分析するなら、さらに次の⑴〜⑶のように整理できるだろう。

⑴中国・朝鮮・日本を含む中華《ちゅうか》文明圏については、地理的近接はもとより、中国の多大な歴史的影響と文化的同質性が認められた。しかし、政治的境遇の共有を語ることは日本の朝鮮支配・中国侵略によって困難となり、大川は地理的近接・文化的同質性によってその断絶を糊塗しようとした。

⑵インド文明圏は、地理的には日本と隔絶していたが、一方では中国・朝鮮を経由して、仏教とその美術により日本に多大な文化的影響をあたえた地域として、他方では近代化したヨーロッパ諸国との接触によりはじめてアジアとして日本と結びつけられた地域として、ヨーロッパに対するアジアの主体性・政治的一体性を主張する両者のアジア論の中核となった。

⑶イスラム文明圏はヨーロッパからみたアジア・東方概念の起点に位置したが、地理的にも文化的にも日本と没交渉だったため、両者がアジアの政治的一体性を主張する際の難題となった。天心はその説明に成功せず、大川

は非西洋の近代化という観点から考察を試みつつも、ついには文化的にみて「西洋的」と論断した。両者とも、最終的には東方(Orient)という概念自体への違和感を表明した。

両者のアジア論は、おのおのの学問的バックボーンによって試みられた文化論的な意味付けを通じて、ヨーロッパ産のオリエンタリズムを受容したうえで主体的に捉え返す試みとなったといえよう。それは両者が日本の近隣諸国への侵略の批判には向かわず、むしろ正当化に動員されたことと矛盾しない。近代の歴史は、純粋な学術的研究も同時に権力の作用でありうることを教えている。

小池素康「日本芸術史」『研精美術』75号～89号, 1913年6月～1914年8月
樽井藤吉『大東合邦論　覆刻』〔日本思想史資料叢刊一〕, 長陵書林, 1975年
Henry Cotton, *New India: Or, India in Transition* (London: K. Paul, Trench, Trübner, & co., ltd., 1907) (revised and enlarged edition)

写真所蔵・提供者一覧(敬称略, 五十音順)

茨城県天心記念五浦美術館　　p. 21中右, 24左
茨城大学五浦美術文化研究所　　p. 24右
永青文庫　　p. 25
宮内庁正倉院事務所　　p. 41
神戸新聞総合出版センター　　p. 59
国立国会図書館　　p. 10下, 61
大東文化大学東松山60周年記念図書館　　p. 55上
東京藝術大学　　カバー裏右, p. 21上左
日本近代文学館　　p. 2
日本美術院　　p. 21下
PANA通信社　　p. 7
法隆寺・奈良国立博物館　　p. 36
法隆寺・奈良文化財研究所　　カバー表
法隆寺・便利堂　　扉
毎日新聞社　　p. 81, 90
ユニフォトプレス　　p. 37, 71, 80
早稲田大学図書館　　p. 55下右・下左
『大川周明全集』・国立国会図書館　　カバー裏左
『大川周明博士の生涯』・国立国会図書館　　p. 49
Denys Hay, *Europe. The Emergence of an Idea*, Edinburgh, Edinburgh University Press, 1957　　p. 6

と文化』12(歴史学研究報告16), 1978年
長崎暢子「インド国民軍の形成」同編『南アジアの民族運動と日本』アジア経済研究所, 1980年
長崎暢子「ラーシュ・ビハーリ・ボース考」田中宏編『日本軍政とアジアの民族運動』アジア経済研究所, 1983年
長崎暢子『インド独立　逆光の中のチャンドラ・ボース』朝日新聞社, 1989年
中島岳志『中村屋のボース　インド独立運動と近代日本のアジア主義』白水社, 2005年
波多野澄雄『太平洋戦争とアジア外交』東京大学出版会, 1996年
原覚天『現代アジア研究成立史論』勁草書房, 1984年
坂野潤治「『東洋盟主論』と『脱亜入欧論』」佐藤誠三郎・R.ディングマン編『近代日本の対外態度』東京大学出版会, 1974年
堀岡弥寿子『岡倉天心　アジア文化宣揚の先駆者』吉川弘文館, 1974年
升味準之輔『日本政党史論』3, 東京大学出版会, 1967年
松浦正孝『「大東亜戦争」はなぜ起きたのか』名古屋大学出版会, 2010年
三沢伸生「大川周明と日本のイスラーム研究」『アジア・アフリカ文化研究所研究年報』37号, 2002年
三谷博「『アジア』概念の受容と変容」渡辺浩・朴忠錫編『韓国・日本・「西洋」　その交錯と思想変容』慶應義塾大学出版会, 2005年
矢野暢『「南進」の系譜』中央公論社, 1975年
矢野暢『冷戦と東南アジア』中央公論社, 1986年
山室信一『キメラ　満洲国の肖像』中央公論社, 1993年
米谷匡史『アジア／日本』岩波書店, 2006年

〔史料〕
稲嶺一郎『稲嶺一郎回顧録　世界を舞台に』沖縄タイムス社, 1983年
(岡倉天心の著作はすべて全集から引用。ただし, 天心の英文著作からの引用は全集の日本語訳に依拠しつつ, 原文を参照して一部筆者が訳しなおした。また重要と思われる原語を適宜挿入した。)
『岡倉天心全集』全9巻, 平凡社, 1980年
Okakura Kakuzo, *Collected English Writings 1–3* (Tokyo: Heibonsha, 1984)
(大川周明の著作について,『大川周明全集』所収のものは〔全集〕,『大川周明関係文書』所収のものは〔文書〕と注記した。『大川周明日記』は本文で日付のみ記した。)
大川周明全集刊行会編『大川周明全集』全7巻, 岩崎書店, 1959年
大川周明顕彰会編『大川周明日記』岩崎学術出版社, 1986年
大川周明関係文書刊行会編『大川周明関係文書』芙蓉書房出版, 1998年
大川周明「回教の根本儀礼に就て」『南洋協会会報』3-10, 1917年10月
大川周明「植民政策より観たる回教徒(其一)」『南洋協会会報』3-11, 1917年11月
「大川周明訊問調書」1933年(『現代史資料5　国家主義運動』2, みすず書房, 1964年)
外務省政務局調「排英印度人ニ関スル調書」1915年10月(外務省編『日本外交文書　大正四年　第一冊』)

参考文献

〔研究〕

赤澤史朗「大日本言論報国会」赤澤・北河賢三編『文化とファシズム』日本経済評論社, 1993年
石瀧豊美『増補版 玄洋社発掘　もう一つの自由民権』西日本新聞社, 1997年
板垣雄三「中東へのアプローチ」同編『新・中東ハンドブック』講談社, 1992年
伊藤隆『昭和初期政治史研究』東京大学出版会, 1969年
色川大吉「東洋の美の使徒」同『歴史家の嘘と夢』朝日新聞社, 1974年
臼杵陽『大川周明　イスラームと天皇のはざまで』青土社, 2010年
応地利明『「世界地図」の誕生』日本経済新聞出版社, 2007年
大塚健洋『大川周明と近代日本』木鐸社, 1990年
大塚健洋『大川周明　ある復古革新主義者の思想』中央公論社, 1995年
岡本佳子「近代アジアにおける自己認識の問題」飛田良文ほか編『アジアにおける異文化交流』明治書院, 2004年
岡本佳子「岡倉覚三と日露戦争」『Lotus(日本フェノロサ学会機関誌)』26号, 2006年
岡義武「パリ平和会議におけるアメリカ世論とわが国世論」1959年『岡義武著作集』6, 岩波書店, 1993年
岡義武「国民的独立と国家理性」1961年(同上)
織田武雄『地図の歴史—世界篇』講談社, 1974年 a
織田武雄『地図の歴史—日本篇』講談社, 1974年 b
川村光郎「戦前日本のイスラム・中東研究小史」『日本中東学会年報』2, 1987年
北澤憲昭『眼の神殿　「美術」受容史ノート』美術出版社, 1989年
木下長宏「解題」『岡倉天心全集』1, 1980年
木下長宏『岡倉天心　物ニ観ズレバ竟ニ吾無シ』ミネルヴァ書房, 2005年
楠精一郎「大川周明と対米工作」『日本歴史』474号, 1987年11月
呉懐中『大川周明と近代中国』日本僑報社, 2007年
エドワード・W. サイード著, 今沢紀子訳『オリエンタリズム』(上・下), 平凡社, 1993年(原著1978年)
佐藤誠三郎「幕末・明治初期における対外意識の諸類型」1974年　同『死の跳躍を越えて』都市出版, 1992年〔千倉書房, 2009年〕
佐藤道信『明治国家と近代美術　美の政治学』吉川弘文館, 1999年
塩出浩之「琉球処分をめぐる日本の新聞論議」(琉球大学法文学部『政策科学・国際関係論集』9, 2007年3月)
塩出浩之「日本のナショナリズムと秩序意識」施光恒・黒宮一太編『ナショナリズムの政治学』ナカニシヤ出版, 2009年
杉田英明『日本人の中東発見』東京大学出版会, 1995年
竹内好「日本のアジア主義」1963年,「日本人のアジア観」1964年　同『日本とアジア』(竹内好評論集3)筑摩書房, 1966年
竹内好編『アジア主義』(現代日本思想大系9)筑摩書房, 1963年
田中俊明『日本史リブレット70　古代の日本と加耶』山川出版社, 2009年
陳徳仁・安井三吉編『孫文・講演「大アジア主義」資料集』法律文化社, 1989年
津田左右吉「東洋文化とは何か」1936年『津田左右吉全集』28巻, 岩波書店, 1966年
長崎暢子「大川周明の初期インド研究」東京大学教養学部人文科学科紀要66『歴史

大川周明とその時代

西暦	年号	齢	おもな事項
1886	明治19		*12*- 医師・大川周賢の長男として山形県に生まれる
1899	32	13	*4*- 庄内中学校入学(～1904年3月)
1901	34	15	この年，鶴岡天主公教会の神父からフランス語を学ぶ
1904	37	18	この年，第五高等学校入学(～1907年7月)
1908	41	22	この年，東京帝国大学文科大学入学(～1911年7月)
1910	43	24	この年，松村介石の日本教会に入会。岡倉天心の「泰東巧藝史」聴講
1913	大正2	27	この年，ヘンリー＝コットン『新インド』を読む
1914	3	28	*7*- 第一次世界大戦始まる(～1919年)
1915	4	29	この年，インド人革命家グプタと出会う
1916	5	30	*11*-『印度に於ける国民的運動の現状及び其の由来』刊行
1917	6	31	この年，全亜細亜会を結成(代表)
1918	7	32	*5*- 満鉄東亜経済調査局嘱託
1919	8	33	*2*- 人種的差別撤廃期成会実行委員。*8*- 上海の北一輝を訪問。*11*- 東亜経済調査局編輯課長
1921	10	35	*10*- オランダ領インドネシア(ジャワ)を視察(～12月)
1922	11	36	*7*-『復興亜細亜の諸問題』刊行
1923	12	37	*4*- 東亜経済調査局調査課長
1925	14	39	*10*-『亜細亜・欧羅巴・日本』刊行
1926	昭和元	40	*8*- 博士論文「特許植民会社制度の研究」で法学博士号取得
1927	2	41	*4*- 東亜経済調査局主事
1928	3	42	*6*- 張作霖爆殺事件。*9*- 中国に渡り，張学良と会見
1929	4	43	*7*- 財団法人東亜経済調査局理事長
1930	5	44	*1*- ロンドン海軍軍縮会議(～4月)
1931	6	45	*3*- 三月事件。*9*- 満州事変。*10*- 十月事件
1932	7	46	*3*-「満州国」建国。*5*- 五・一五事件。*6*- 逮捕される
1933	8	47	*3*- 日本，国際連盟脱退
1936	11	50	*2*- 二・二六事件
1937	12	51	*7-7* 盧溝橋事件，日中戦争始まる。*10*- 仮出所
1938	13	52	*5*- 東亜経済調査局附属研究所(大川塾)開設
1941	16	55	*12-8* 太平洋戦争開戦
1942	17	56	*1*-『米英東亜侵略史』刊行。*8*-『回教概論』刊行
1943	18	57	*8*-『大東亜秩序建設』刊行。*11*- 大東亜会議開催
1945	20	59	*8-15* 日本，ポツダム宣言受諾(敗戦)。*12*- 東京裁判のA級戦犯容疑者として逮捕
1946	21	60	*5*- 東京裁判第1回公判で退廷，精神障害として入院(1948年12月，不起訴処分)
1950	25	64	*2*-『古蘭』(翻訳)刊行
1951	26	65	*10*-『安楽の門』刊行
1957	32	71	*12-24* 死去

岡倉天心とその時代

西暦	年号	齢	おもな事項
1863			文久２年12月26日(1863年２月14日)，生糸商・岡倉勘右衛門の次男として横浜に生まれる(幼名は角蔵)
1869	明治２	6	このころ，横浜外国人居留地のアメリカ人から英語を学ぶ
1871	4	8	この年，神奈川県長延寺で漢籍を学ぶ
1873	6	10	この年，東京外国語学校に入学
1875	8	12	この年，東京開成学校に入学。名を覚三と改める
1876	9	13	この年，奥原清湖に入門し文人画を習う。***11***- 工部美術学校設置(～1882年)
1877	10	14	***4***- 東京開成学校，東京大学に。文学部にはいる(～1880年７月)
1878	11	15	この年，フェノロサ，東京大学文学部教師に着任
1880	13	17	***10***- 文部省御用掛(音楽取調掛)
1881	14	18	***11***- 専門学務局勤務(1882年４月まで音楽取調掛兼務)
1884	17	21	***6***- フェノロサとともに法隆寺夢殿観音菩薩像の開帳に立ちあう
1885	18	22	***11***- 文部省図画取調掛の設置，掛員となる
1886	19	23	***1***- 図画取調掛主幹。***9***- 欧米視察へ(～1887年10月)
1887	20	24	***10***- 東京美術学校設置，幹事となる
1888	21	25	***9***- 宮内庁臨時全国宝物取調局取調掛
1889	22	26	***2-1*** 東京美術学校開校。***2-11*** 大日本帝国憲法発布。***5***- 帝国博物館理事・美術部長。***10***-『国華』創刊
1890	23	27	***6***- 東京美術学校校長心得(10月，校長)。***9***-「日本美術史」「泰西美術史」講義開始
1893	26	30	***7***- 清国調査旅行(～12月)
1894	27	31	***8***- 日清戦争開戦(～1895年４月)
1898	31	35	***3***- 帝国博物館理事依願免職，東京美術学校長非職。***10***- 日本美術院創立
1901	34	38	***11***- インド調査旅行(～1902年10月)
1903	36	40	***2***- *The Ideals of the East*, ロンドンで刊行
1904	37	41	***2-10*** 渡米(～1905年５月)。日露戦争開戦(～1905年９月)。***3***- ボストン美術館に美術品の整理・収集を依嘱される。***11***- *The Awakening of Japan*, ニューヨークで刊行
1906	39	43	***5***- *The Book of Tea*, ニューヨークで刊行。***10***- ボストン美術館の美術品収集のため清国へ(～1907年２月)。***11***- 日本美術院，茨城県五浦《いづら》に移転
1910	43	47	***4～6***- 東京帝国大学文科大学で「泰東巧藝史」を講義。***5***- ボストン美術館中国・日本部長に就任
1912	大正元	49	***5***- 中国での美術品収集(～６月)。***8***- インド・ヨーロッパを経由してアメリカへ(～1913年４月)
1913	2	50	***9-2*** 死去

塩出浩之(しおで ひろゆき)
1974年生まれ
東京大学大学院総合文化研究科地域文化研究専攻博士課程修了
専攻，日本近代史・日本政治外交史
現在，琉球大学法文学部教授
主要著書
『越境者の政治史　アジア太平洋における日本人の移民と植民』
(名古屋大学出版会2015)
『公論と交際の東アジア近代』(編著，東京大学出版会2016)

日本史リブレット人 084
岡倉天心《おかくらてんしん》と大川周明《おおかわしゅうめい》
「アジア」を考えた知識人たち

2011年５月20日　１版１刷　発行
2017年９月15日　１版２刷　発行

著者：塩出浩之《しおでひろゆき》

発行者：野澤伸平

発行所：株式会社 山川出版社

〒101－0047　東京都千代田区内神田１－13－13
電話 03(3293)8131(営業)
03(3293)8135(編集)
https://www.yamakawa.co.jp/
振替 00120-9-43993

印刷所：明和印刷株式会社

製本所：株式会社 ブロケード

装幀：菊地信義

© Hiroyuki Shiode 2011
Printed in Japan ISBN 978-4-634-54884-8
・造本には十分注意しておりますが，万一，乱丁・落丁本などが
ございましたら，小社営業部宛にお送り下さい。
送料小社負担にてお取替えいたします。
・定価はカバーに表示してあります。

日本史リブレット 人

1 卑弥呼と台与——仁藤敦史
2 倭の五王——森　公章
3 蘇我大臣家——佐藤長門
4 聖徳太子——大平　聡
5 天智天皇——須原祥二
6 天武天皇と持統天皇——義江明子
7 聖武天皇——寺崎保広
8 行基——鈴木景二
9 藤原不比等——坂上康俊
10 大伴家持——鐘江宏之
11 桓武天皇——西本昌弘
12 空海——曾根正人
13 円珍と円仁——平野卓治
14 菅原道真——大隅清陽
15 藤原良房——今　正秀
16 宇多天皇と醍醐天皇——川尻秋生
17 平将門と藤原純友——下向井龍彦
18 源信と空也——新川登亀男
19 藤原道長——大津　透
20 清少納言と紫式部——丸山裕美子
21 後三条天皇——美川　圭
22 源義家——野口　実
23 奥州藤原三代——斉藤利男
24 後白河上皇——遠藤基郎
25 平清盛——上杉和彦
26 源頼朝——高橋典幸
27 重源と栄西——久野修義
28 法然——平　雅行
29 北条時政と北条政子——関　幸彦
30 藤原定家——五味文彦
31 後鳥羽上皇——杉橋隆夫
32 北条泰時——三田武繁
33 日蓮と一遍——佐々木馨
34 北条時宗と安達泰盛——福島金治
35 北条高時と金沢貞顕——永井　晋
36 足利尊氏と足利直義——山家浩樹
37 後醍醐天皇——本郷和人
38 北畠親房と今川了俊——近藤成一
39 足利義満——伊藤喜良
40 足利義政と日野富子——田端泰子
41 蓮如——神田千里
42 北条早雲——池上裕子
43 武田信玄と毛利元就——鴨川達夫
44 フランシスコ＝ザビエル——浅見雅一
45 織田信長——藤田達生
46 徳川家康——藤井讓治
47 後水尾天皇と東福門院——山口和夫
48 徳川光圀——鈴木暎一
49 徳川綱吉——福田千鶴
50 渋川春海——林　淳
51 徳川吉宗——大石　学
52 田沼意次——深谷克己
53 遠山景元——藤田　覚
54 酒井抱一——玉蟲敏子
55 葛飾北斎——小林　忠
56 塙保己一——高埜利彦
57 伊能忠敬——星埜由尚
58 近藤重蔵と近藤富蔵——谷本晃久
59 二宮尊徳——舟橋明宏
60 平田篤胤と佐藤信淵——小野　将
61 大原幽学と飯岡助五郎——高橋　敏
62 ケンペルとシーボルト——松井洋子
63 小林一茶——青木美智男
64 鶴屋南北——諏訪春雄
65 中山みき——小澤　浩
66 勝小吉と勝海舟——大口勇次郎
67 坂本龍馬——井上　勲
68 土方歳三と榎本武揚——宮地正人
69 徳川慶喜——松尾正人
70 木戸孝允——一坂太郎
71 西郷隆盛——福地　惇
72 大久保利通——佐々木克
73 明治天皇と昭憲皇太后——佐々木隆
74 岩倉具視——坂本一登
75 後藤象二郎——鳥海　靖
76 福澤諭吉と大隈重信——池田勇太
77 伊藤博文と山県有朋——西川　誠
78 井上馨——神山恒雄
79 河野広中と田中正造——（交渉中）
80 尚泰——我部政男
81 森有礼と内村鑑三——狐塚裕子
82 重野安繹と久米邦武——松沢裕作
83 徳富蘇峰——中野目徹
84 岡倉天心と大川周明——塩出浩之
85 渋沢栄一——井上　潤
86 三野村利左衛門と益田孝——森田貴子
87 ボアソナード——小宮一夫
88 島地黙雷——山口輝臣
89 児玉源太郎——大澤博明
90 西園寺公望——永井　和
91 桂太郎と森鷗外——荒木康彦
92 高峰譲吉と豊田佐吉——鈴木　淳
93 平塚らいてう——差波亜紀子
94 原敬——季武嘉也
95 美濃部達吉と吉野作造——古川江里子
96 斎藤実——小林和幸
97 田中義一——加藤陽子
98 松岡洋右——田浦雅徳
99 溥儀——塚瀬　進
100 東条英機——古川隆久

〈白ヌキ数字は既刊〉